龚鹏程大学堂

把兴衰看遍

龚鹏程 著

浙江古籍出版社

图书在版编目（CIP）数据

把兴衰看遍 / 龚鹏程著 . -- 杭州 : 浙江古籍出版社，2022.7

（龚鹏程大学堂）

ISBN 978-7-5540-2187-3

Ⅰ . ①把… Ⅱ . ①龚… Ⅲ . ①社会科学—文集 Ⅳ . ① C53

中国版本图书馆 CIP 数据核字 (2021) 第 273789 号

龚鹏程大学堂

把兴衰看遍

龚鹏程　著

出版发行　浙江古籍出版社

（杭州体育场路 347 号　电话：0571-85068292）

网　　址　https://zjgj.zjcbcm.com

责任编辑　伍姬颖

文字编辑　屈钰明

封面设计　仙境设计

责任校对　张顺洁

责任印务　楼浩凯

照　　排　浙江时代出版服务有限公司

印　　刷　浙江新华印刷技术有限公司

开　　本　880mm × 1230mm　1/32

印　　张　7.375

字　　数　150 千字

版　　次　2022 年 7 月第 1 版

印　　次　2022 年 7 月第 1 次印刷

书　　号　ISBN 978-7-5540-2187-3

定　　价　62.00 元

总　序

古今中外，没有思想家不爱讲说的。印度之佛陀，说法四十九年，讲经三百余会。殁后弟子结集的听讲记录，卷帙浩繁。希腊则苏格拉底、柏拉图等哲人也老喜欢拉着人讲，传下了许多对话录。

这些，都是“讲”。但值得注意的是，他们并没有“讲学”一词。讲学这个词，是中国独有的。中国人本领多在一张嘴上，除了吃，就爱讲，颇以讲学为乐，如陆放翁《北窗怀友》诗曰：“幸有北窗堪讲学，故交零落与谁同。”

中国没有对话录，只有讲记、讲义。所以宋明理学家的语录才老被人怀疑是受了禅宗的影响。而即使是语录，也仍非对话录。至于《论语》，颇有人以为即是希腊那种对话录，其实也非是。故我国讲学的传统颇有值得深究之处。

讲学至迟在春秋时期已有。《左传・昭公七年》记：“孟僖子病不能相礼，乃讲学之，苟能礼者从之。”孟僖子擅长替人襄赞典礼，老病而讲学，许多人遂跑去跟他学礼。可见春秋时已有讲学之风气。

孟僖子是孔子的前辈，很欣赏孔子，孔子讲学也就继承了这种精神。但孔子又是有所发展的。《论语》记载孔子曾感慨：“德之不修，学之不讲，闻义不能徙，不善不能改，是吾忧也。”可以看出讲学已是常态，若不能经常讲学，还会被认为是种缺点呢！讲学也被当成一种跟修德、改过、迁善相同的“改善人存在状态”的方法。

孔子的话里还有一层意思不能忽略：讲学不仅行诸师弟之间，也在朋友之间。平辈交游，即须讲学。这也可说是儒家教育观的精义之一。儒家的朋友观，正建立在讲学上，彼此讲习道义，才是朋友，否则便成了小人酒食相征逐，共趋于下流。《论语》开篇道：“有朋自远方来，不亦乐乎！”讲的就是这个，不是泛说一般亲朋来访。它上面一句“学而时习之，不亦说乎”其实也是指讲学。

因为讲学之“讲”并不只是口说，《左传》记孟僖子讲学的那句话，杜预注：“讲，习也。”讲与习是同义词，《易》云“君子以朋友讲习”，把讲习合成一个词，也是这缘故。

讲就是习，故“学而时习之”事实上便是讲习不辍。这是古代通用的词意。如《玉篇》云：“讲，习也。”《左传·隐公五年》：“春蒐、夏苗、秋狝、冬狩，皆于农隙以讲事也。”注也说是习。

讲学当然可以无定点。或如孔子游历四方，或如墨子、孟子、商鞅、苏秦那样游说诸侯，弟子们跟着老师跑，所谓“从游”，不择地、不择时，当然也就无一定的讲学地点。纵使传说孔子有所谓“杏坛”，其实也只是在杏林中找一土墩子讲讲而已，无教室、学校之类固定讲学空间，与柏拉图有其学园不同。

有定点的讲学，最常见的是教师自己的住宅。宅中的厅、堂、斋、室，都可能用来教学。孔门弟子有及门、入室、升堂之分，就是以老师家里的空间来看弟子各自所处位置之不同，以见亲疏。

但自家堂室更主要教的乃是自己的子孙。古人重视家学，故多在家中施教。而家学，并不是现在谈家庭教育的人所讲的那一套，仅注目于儿童生活礼仪、道德教养，亲子关系层面，而是以家庭宗族为一学术传承团体。中国学统所系，古代主要就是这种家学。

官学中最主要的建置终究还是讲堂。其中有中央政府办的，如《后汉书·翟酺传》载："光武初兴……愍其荒废，起太学博士舍、内外讲堂，诸生横巷，为海内所集。"有地方性的，如《水经注·江水一》说"文翁为蜀守，立讲堂，作石室于南城"，属于公众教育性质。一直延续到晚清，包括了各地之义学、社学。

私人自办讲堂，做公众教育的，汉代以前似未见，但汉代就已极盛了，乃家学之延伸。尤其东汉大家族制渐旺，宗族子弟动辄数十百人，须延师教诲，或由族内耆宿教育之。而若教授出了名，各地寻师访学者便会蜂拥而至。因此东汉时常有大学者招收几百位门人的例子。

这么多人，家中通常无法容纳，势必另辟讲堂。

讲堂有时选在山林清雅之地，称为精舍或精庐。如《后汉书·刘淑传》："淑少学明《五经》，遂隐居，立精舍讲授，诸生常数百人。"

唐宋以后，儒者办书院，近的渊源是唐代集贤书院之类的建置，远的渊源就是精舍。朱熹所建书院就有许多称为精舍的，如闽北建阳、武夷山的寒泉精舍、武夷精舍、沧洲精舍等都是。

与精舍同样取意于清净养心的，还有斋馆一词。斋馆指斋戒时所住的房舍，汉应劭《风俗通·怪神》"乃即斋馆，忘食与寝"，唐王勃《拜南郊颂》“神坛岳立，斋馆云深”等都是其例。学校也是。《宋史·徽宗纪一》：“壬辰，诏诸路州学别置斋舍，以养材武之士。”指的就是学校馆舍。

公众讲学，还有一种特殊形态，那就是寺庙。

寺与庙非一事，寺指佛寺，庙是宫观庙宇。皆方外，但也都有讲学活动。南京佛寺的讲学活动，早在刘宋以前即有。《南史·宋武帝纪》说“尝游京口竹林寺，独卧讲堂前，上有五色龙章”，京口即今镇江，盖当时寺院已皆设讲堂，用以讲经说法了。梁朝此风更甚，梁武帝本身就是大讲师，《南史》说他“创同泰寺，至是开大通门以对寺之南门，取反语以协同泰。自是晨夕讲义，多由此门”，在寺中讲了许多经义，会通儒佛。

以上各种形式的讲堂，无论社学、义学、州学、府学、县学、太学，或家学、私塾、经社、书院、寺庙讲经等等都是向下的，讲者身份皆高于听讲人。可是政府体制中却还有一种是向上的，由臣子向皇帝讲，称为“经筵讲学”。乃中国教育中最特殊之一格，体现“道尊于势”之精神。

因为每个人都需要学习，都须遵循老师的教诲，皇帝不但不能例外，甚且更该如此。所以当皇子时就应拜师学习，当上皇帝以后，仍要继续学，要选拔硕学鸿儒来教他，这就是经筵讲学，教皇帝以正道。

此一制度，非但是对皇权的制衡，且起着积极的教示、导引、匡正作用。儒者非常重视这个职务与进言的机会，也为了向历史负责，故常会撰写讲稿，留下记录，称为经筵讲义。

讲堂，中国与韩国后来都以书院为名，讲堂附在其中。但书院教育实以自学为主，并不常讲，不似现今学校每天要老师哇啦哇啦地讲。山长隔段时间才开讲一次，或邀人来书院专场演讲，如朱熹在白鹿洞书院，即请陆九渊来讲。若两人共讲或辩论，则称“会讲”。后来会讲扩大为“讲会”，变成明代书院例行的讨论会，有时吴越的大会，竟致千樯云集。

讲会是打造一个平台，让许多人能在同一个平台上相互讲论。“平台”的这个意义，后来便衍为“讲坛”一词。

与讲坛类似的词语是“讲台”。为了让听讲的人看得清、听得明，常会让讲者坐或站在高处讲，所以登高台或高坛而讲，是很常见的。目前所知，可能以晋朝虎丘之生公说法台为最早。前此多只有讲席而无讲台，嗣后则讲者升高座渐成常态，寺院尤其如此。

讲席，是高僧、儒师讲经的席位，亦用作对师长、学者的尊称。南朝梁沈约《为齐竟陵王发讲疏》“置讲席于上邸，集名僧于帝畿”，唐戴叔伦《寄禅师寺华上人次韵》之三“近闻离讲席，听雨半山眠”，说的都是僧人开讲，其实儒者开讲也是这样的。

可见讲学既有友朋师弟君臣间个人化的讲习切磋，更有面向稠人广众的宣讲。典型的例子是马融“绛帐春风”的故事。《后汉书》卷六十上说马融“尝坐高堂，施绛纱帐，前授生徒，后列女乐，弟子以次相传，鲜有入其室者”。后人很喜欢这个故事，遂以“绛帐”为师门、讲席之敬称。

讲，本以口说为主。儒家极重口说，孔门弟子们讨论事理，常以自己直接听闻老师的讲法为依凭，因此有“各尊所闻”的状况。但各自听受，说时情况不一；又因材施教，听者也有理解之问题。因而在大家都各尊所闻，觉得对方所说“异乎吾所闻”的时候，学派也就分裂了。孔子死后，儒分为八；佛陀灭度后，佛教也分裂成部派佛教，原因都在于各述所闻。

到西汉，儒家仍以口说为重，认为微言仅存于口说，不书竹帛。今文学家特别强调这一点，因此师法家法甚严，各派有各派的口说微言。直到清末康有为等人复兴今文学，仍强调这一点，康有为自己就留下了《南海康先生口说》二卷。

但口说多歧，传述易讹，还是文字较为稳定，所以东汉以后古文家兴起，就越来越重视文字。讲，也渐渐出现了文字记录型的讲义。

讲义，指讲说经典的义理。这是因汉代讲经制度而形成的，后就成为一种文体、著作形式。相关的文体，还有“论”与“难”。讲义，是讲明义理；义疏，是疏通经义；论是讲论；难是对经或论提出质疑问难。

讲论而生辩论，规模盛大的是三教讲论。唐朝自高祖武德七年开始，释奠礼祭孔之后，安排儒道佛三教硕彦相杂驳难。其后成为固定仪式，每年举行，孔颖达就参加过。这是真辩，辩起来“火光四射”，是史上一段异彩。

相对来看，今天的教育，却是小孩蒙学阶段诵而不讲，光教他们死背硬记，背上几十万字而毫无讲解；大了，又讲而不论，光是老师讲，如水泼石，灌输一番，然后继续死记硬背讲义，没有讨论，没有问难。与中国古代的教育方式背道而驰。

胡适《九年的家乡教育》曾记一故事，说一同学的母亲请人代写家信给她的丈夫，信写好了，这位同学把家信抽出来偷看，却不知信上第一句“父亲大人膝下”是什么意思。胡适很惊讶，后来才发现这位同学虽念过《四书》，却只是背，先生没有讲解。胡适则因母亲多给了先生几倍的学金，所以先生都跟他讲了。胡适很感念这一点，说：“我一生最得力的是讲书：父亲母亲为我讲方字，两位先生为我讲书。念古文而不讲解，等于念‘揭谛揭谛，波罗揭谛’，全无用处。”

这就是讲的重要。蒙学须讲，大学则须加上论，讲论合一，才有生机。

当然，讲说、讲习之目的是追求真理，所以需要辩论，然而争辩终究不是目的。讲论之目的乃是沟通，弭平头脑里的战争，达成和解。

是的，讲这个字的含义正是和。《说文解字》就说：“讲，和解也。”《战国策·西周策》：“而秦未与魏讲也。”《战国策·齐策》：“赵令楼缓以五城求讲于秦。”《史记·樗里子甘茂传》：“樗里子与魏讲，罢兵。”皆以讲为和解义。故今人俗称和解为讲和，犹存古意。

讲（講），从言，从冓，古音也念媾。凡从冓之字，均有交错互入、形成一整体之意。所以“讲”字与沟通之“沟”、媾和之“媾”

其实都是同义词。明乎此，则讲堂之“讲”，宗旨亦不难明白了。

我从小讲学不辍，不知老之将至。近年甚至把微信公众号都命名为“龚鹏程大学堂”，随意撰文，肆我思存。辑起来，便成此编，为序以见意，君子鉴之。

龚鹏程

壬寅写于济南雪野湖畔

目　录

山贼游山，却有会心

中国人爱游山玩水，恐怕是一种膏肓之疾，治不好的。

像五一这类假期，在家休息度假不好吗？不，偏要出去。黄山啦、泰山啦、西湖啦，什么沟、什么园、什么峡、什么谷，人挤人，气得要命，累得要死，发誓再也不出去了。然后，下次又喜孜孜地再找个山水名胜或非名胜去折腾一番。年复一年，乐此也苦此不疲。

你说世界上其他民族不也好玩吗、旅游业不是也很发达吗？怎么说这就是中国人的“痼疾”？因为别的国家，只会说去旅游、度假，不会说去“游山玩水”，人家也压根就没有这个符咒型的词语：山水。

造成这种“国民性”，是山水诗、山水画、山水游记等等庞大的话语体系使然。最近，还有大型学报式人文艺术期刊《山水》堂皇上市，想从思想、文化、人类学等角度来揭示山水与中国人心理关系的奥妙。所以看来虽说西风东渐，中国人毕竟还有他心底的一方山水田园，没被摧毁，还在顽固地出游呢！

一

一谈到山水田园，就绕不开谢灵运、陶渊明。

但近百年二人名望有点不同。田园诗人陶渊明仍然被推崇、被向往，因为大家都做不到。谢灵运作为山水游历的典范，却因大家都来效法，以致后来出现无数继承者，事实上也就是他名声的竞争者，如柳宗元、徐霞客之类。

谢灵运游山玩水的长处是能作诗歌咏山水，现代人无此本领，但很热衷写点游记发朋友圈，所以更亲近的是徐霞客。

这样也好，正好让我们拉开一点距离，再来回看一下谢灵运。

二

谢灵运和陶渊明，恰好是不同的类型。谢灵运的生命是激扰的，遭遇也远比渊明复杂。

他是谢安家族的人。王谢子弟，自膺清华，故幼年便承袭了康乐公的爵位。

生来富贵的人，不免在富贵上显其创造性，变着花样玩："车服鲜丽，衣裳器物，多改旧制。"（《宋书·谢灵运传》）

他改制的东西，据说"世共宗之"，颇受欢迎。其中之一就是一种屐，登山时去掉木屐的前齿，仿佛高跟鞋；下山时去掉屐的后齿，以求平衡，后人称为谢公屐。

可是王谢家族并不只是一般豪富人家，光顾着玩；他们是政治的中心力量，势必与政局有极深的牵扯。

谢灵运祖父谢玄曾创立北府兵；桓玄篡晋时，北府兵中将领刘裕起来灭了桓玄，成了晋室的功臣。谢灵运就在刘裕手下做过官，还为他写过一篇《征赋》，颂扬其武功。后来刘裕北伐，攻破长安，灭了后秦，一时间给人报仇复国的热切希望。

不料，刘裕取得如此之战功，却是用以夺权，不但回师杀了晋安帝，还逼恭帝禅位，建立了一个新王朝：宋。

新王朝虽把谢灵运的公爵降为侯爵，但基本上仍重用着他。因为政权不能没有世族的支持，谢灵运也须依赖政权来维系其门第与生活，故他并不能像陶渊明那样归隐田园，其《登池上楼》云“进德智所拙，退耕力不任”，确是实话。

刘裕卒后，儿子继位为少帝，只十七岁，政权自然不稳，朝中政争颇为激烈。谢灵运身在其中，不知敛退，反而“构扇异同，非毁执政”（《宋书·谢灵运传》）。结果当然就得罪了执政，被外放到永嘉去做太守。

永嘉温州一带，山水清丽，他恰好又一肚皮牢骚，所以干脆不理政务，整天游山玩水。

做了一年多太守后，玩也玩累了，索性辞职回会稽老家去。待政争争出个新局面，文帝即位后，他才再回到朝廷。

可是朝廷只看重他的文才，要他修《晋书》。他文才固佳，自己可不认为就只能修修史，他还想干点有实权的事儿，因此史职做得很不带劲，最终仍是辞职了账。

不想随后又遭人弹劾，以致免官。免官后，依然不知检束，经常带着一伙门客去玩。

有一次他领了几百人，从始宁开山伐木，一直玩到临海。临海地方官都吓了一大跳，以为来了山贼。还有一次，他跟朋友喝醉了，把衣服脱光大喊大叫。

如此这般，会稽太守看他不顺眼，竟告他谋反。

宋文帝知道他是个文人，造不成什么反，没怪罪他，反而派他做临川内史。

谁知他没官做时瞎闹，做了官也一样，又“为有司所纠”，派了人去捉他。他则把来人扣押了，真造起反来。还发表了诗说“韩亡子房奋，秦帝鲁连耻，本自江海人，忠义感君子”，仿佛有志替晋报仇的模样。

其结果当然是逼得宋文帝只好杀了他。卒年仅四十九岁。

三

这样的生平，实在有些可笑，但荒唐中颇令人感到悲哀。明代张溥在《汉魏百三家集》的谢灵运集前题词中说道：“以衣冠世族、公侯才子，欲倔强新朝，送龄丘壑，势诚难之。余所惜者，涕泣非徐广，隐遁非陶潜，而徘徊去就，自残形骸，孙登所为抱叹于嵇生也！”

谢灵运是才子，自以为可以用世。但世族贵介公子，处在王权与世族权力既联合又斗争的微妙环境中，缺乏政治手腕，徒肆意气，仕途当然不顺，此即其诗所谓“进德智所拙”。

退隐林泉、遨游山水，他又不安份，不能如陶渊明，故说是“退耕力不任”。因此徘徊去就，进退失所。

他这样的悲剧，在金粉六朝间，其实很有代表意义。文士之不得善终，时世为之，个性亦有以致之。

此等人，生命是激扰不安的，否则不会游山时也要闹得沸沸扬扬，宛如山贼。而生命之所以如此激扰，则是因他总感到孤凉，试看他的《石门岩上宿》：

> 朝搴苑中兰，畏彼霜下歇。暝还云际宿，弄此石上月。鸟鸣识夜栖，木落知风发。异音同至听，殊响俱清越。妙物莫为赏，芳醑谁与伐？美人竟不来，阳阿徒晞发。

诗说早上去搴兰、晚上去赏月，均非实事，乃是比兴，《离骚》“朝搴阰之木兰兮，夕揽洲之宿莽”，就是这种心情。

独自搴兰玩月，对之珍重爱惜，就怕它不能长久。而独搴独宿，虽识鸟音、虽感木落，可是这些东西没人懂，没人可与我共享。相约的美人也不来，我只能在山坡上独自晒干我的头发。《九歌·少司命》：“与女沐兮咸池，晞女发兮阳之阿。望美人兮未来，临风怳兮浩歌。”

谢灵运这竟是屈原般的心情呢！

一般都说谢诗富艳精工。精工固然是精工的，例如这诗，用典就很巧妙，而对仗也不是一般的两句间对，它是一二两句跟三四两句对，五六两句再对，七八、九十句亦对，结尾才用散句收，整个结构十分精密。

在此之前，曹植、陆机的对仗已很多了，但曹植的对，句法较简单，大抵是直述语，如“仰手接飞猱，俯身散马蹄”（《白马篇》）。

谢就多变化，如本诗或《登池上楼》的“潜虬媚幽姿，飞鸿响远音”，二句不但词性对，意思也对；且潜虬以幽姿为美，飞鸿以远音为响，句法其实是倒装的，后来杜甫说“香稻啄余鹦鹉粒，碧梧栖老凤凰枝”（《秋兴八首》），即是这种句法。构作如此之巧，曹植诗是没有的。

陆机之对，则语意往往重复，如“永叹遵北渚，遗思结南津”（《赴洛道中》），北渚对南津，纯是对仗之需，并没什么特别的意思，而且二句语意重复，后世论诗者称此为“合掌”，还没能藉对仗把意思推进一层，故亦不如谢灵运。

可是，富艳精工只是谢的表象。谢诗真正特点，在于诗中有种愤悱不甘愿之情、徘徊无依止之感。

《登池上楼》云“索居易永久，离群难处心”“进德智所拙，退耕力不任。徇禄反穷海，卧痾对空林”等都是讲这种感情。他游山，但并不以山林为归宿；能作极美的诗，却也同样不以为诗人便是其志业。

四

知道这个道理，便有三点可说。

一是当时文坛在东晋之后，又渐回到“文”的途径上，谢灵运、颜延之、谢晦、谢惠连、谢庄等人的作品，都有辞采华美的特征，这是新时代的风气。故《文心·定势》说：“近代辞人，率好诡巧。原其为体，讹势所变。厌黩旧式，故穿凿取新。”《通变》也说：“宋初讹而新。”

依《文心》作者刘勰的看法，宋初是变得太过了，所以说它讹。讹不讹，涉及价值判断，姑且不论，宋初文风新巧则是显然的。

钟嵘称谢灵运“名章迥句，处处间出，丽典新声，络绎奔会”，鲍照说颜延之诗“铺锦列绣，亦雕缋满眼”，都表明了这是个新丽辞的时代。

这个时代，对文学便有更进一步的区分。《文心·总术》说：“以为无韵者笔也，有韵者文也……别目两名，自近代耳。颜延之以为笔之为体，言之文也。经典则言而非笔，传记则笔而非言。”

这就叫文笔之辨。文指有韵的诗赋颂诔之类，笔指无韵的书论表笺之类。经典传记等一般不放在单篇文笔中讨论，但也有如颜延之这样，说传记是笔，经典是言的。

言，指语辞。《世说·文学》曾云挚虞与乐广，“广长口才，虞长笔才”。这就是言与笔之分。相较于口说，文笔当然会更整饬华赡，故颜云笔是言之文。相较于书表论奏，诗赋颂诔当然又较华丽。

因此文、笔、言，乃是针对文学性表现之不同而做的分级。《宋书·范晔传》载范氏狱中与甥书自序谓“手笔较易，文不拘韵故也”，便是与此分级相应的心理状态。

而此心理及认识，据刘勰说，始自刘宋。这是对文学性要求更强的时代征象。

在如此追求新巧的时代风气下，谢灵运却被认为是最近于自然的诗人。鲍照说“谢五言如初发芙蓉，自然可爱”，汤惠休说“谢诗如芙蓉出水”，均指此。

但此所谓自然，乃是一种极端雕琢后的自然，故沈德潜《说诗晬语》云：“陶诗合下自然，不可及处，在真在厚；谢诗经营而返于自然，不可及处，在新在俊。”

其名句如“明月照积雪，朔风劲且哀”“野旷沙岸净，天高秋月明”“春晚绿野秀，岩高白云屯”“池塘生春草，园柳变鸣禽”“晓霜枫叶丹，夕曛岚气阴”，都十分新俊，看起来流丽自然，无拼凑之迹，但却又显然曾经一番雕琢。

其他诗人无此工力，遂不免如鲍照说颜延之那样，只是雕缋满眼了。

五

在雕缋的时代，谢灵运主要以山水为题材，对山水肆其雕缋。这是第二个值得注意处。

我国论美，人文美之体察，先于对自然美之感知；描写自然美，亦先见于赋，后见于诗。诗中泛叙物色，借山水草木鸟兽以抒情写志，作为陪衬、背景或比兴者多，专门刻画山水者少。谢灵运及其所开启的宋齐山水诗风，乃因此而显得甚为特殊。

谢灵运之所以如此关注山水，或许出于无奈。退废无聊，故才游山。

但才人肆志，游山便也不同凡俗，写了万言大赋《山居赋》，作了类似地理书的《游名山志》，还写了一大堆山水诗。这都是从前没有的。

而由《山居赋》《游名山志》看，即可知谢之游山，跟一般诗人墨客纯凭感性的游览也颇为不同，都是先从地形地貌史事物产等地理学的角度进入，然后再以亲游身历的实感体会润泽之，于是知识性的认识渐融于感性的叙述中。

南北朝后期记山水、叙地理之文，取途多类乎此，如《水经注》《洛阳伽蓝记》皆是。而此即与谢灵运山水之作有关。

理性化的进路，加上谢灵运只是游山，并不想以山林为生命之归宿，因此山水对他，只是观玩或理解的对象。

观览所得，亦有会心，但人不蕲与自然冥合，唯于此深观其声色物理而已。这才是当时山水诗的特点，性质其实近赋，善于体物，巧构形似。

如说色泽光彩，有“初篁苞绿箨，新蒲含紫茸”“连鄣叠巘崿，青翠杳深沉”“山桃发红萼，野蕨渐紫苞”“铜陵映碧涧，石磴泻红泉”等等。

说风光声响，有“早闻夕飙急，晚见朝日暾，崖倾光难留，林深响易奔”之类。

描写节候阴阳变化，有“云日相辉映，空水共澄鲜”“白云抱幽石，绿筱媚清涟”。

描写草木鸟兽，有“芰荷迭映蔚，蒲稗相因依”“岩下云方合，花上露犹泫”“海鸥戏春岸，天鸡弄和风”等。

近人常说谢灵运是客观写物，此等语看来即是证据。

但客观写物可能也只如颜延之般，镂金错采，而无生气。这些秀句却不然，它一方面善于运用视觉、听觉等感官去经验物象，一方面又善于处理空间，人仿佛就在山、水、林、泉、岗、壑、岩、渚、川、岭之间去一一领略其景气、风物。

景，配合着光，故有晦明阴暗之变；风，关联着气，故有流止蓄住之姿。以此穷极声色，山水之姿媚当然毕显。

谢之被视为芙蓉出水，就是在那客观之物中，时可见一种出水的生机。山水在他笔下，不再是案头的画，而是活生生的。《登江中孤屿》有云：

> 江南倦历览，江北旷周旋。怀新道转迥，寻异景不延。乱流趋正绝，孤屿媚中川。云日相辉映，空水共澄鲜。表灵物莫赏，蕴真谁为传？想象昆山姿，缅邈区中缘。始信安期术，得尽养生年。

他之刻画物象，并不是呆写，通篇摹写之。都是放在一个游赏的历程中，景物即在游赏中为人所见。

见到了，又能把它的美表彰出来，就是谢的本事。所以他说：“表灵物莫赏，蕴真谁为传。”自己虽不以山水为归宿，但与山水有缘邂逅，便不妨为其知音，传写其精神。这种态度及本领，对后世的影响可大呢！

六

第三点，谢诗通常也都如上引诗那样，在结尾时发抒一些人生感悟。如《石壁精舍还湖中作》的结尾是：“虑澹物自清，意惬理无违。寄言摄生客，试用此道推。”《于南山往北山经湖中瞻眺》结尾是：“抚化心无厌，览物眷弥重。不惜去人远，但恨莫与同。孤游非情叹，赏废理谁通。”几乎到处都是，形成一种格套。

对此现象，白居易有个解释说：“谢公才廓落，与世不相遇。壮志郁不用，须有所泄处。泄为山水诗，逸韵谐奇趣。……岂唯玩景物，亦欲摅心素。往往即事中，未能忘兴谕。”（《读谢灵运诗》）

他注意到谢诗往往要发议论的这个特点，认为是谢客摅怀之故。此释有一定道理，但亦可能是东晋玄言诗留下的习气，陶渊明田园诗一样是要说理的。

只不过，此时说理，也未必限于玄言，而是要从与田园山水相游处时得到的一些体会跟人生观结合起来说，申言名理。

由这些名理，便不难见其志。所以白居易那首诗最后两句说：“因知康乐作，不独在章句。”意思是说谢灵运并不想做个诗人，模山范水，只是发泄其才情，攄心兴谕之处即可令人发现他诗外别有事在。

这在章句之外的，乃是个不安的灵魂。一下说：“持操岂独古，无闷征在今”（《登池上楼》），颇以自己达到了儒者“遁世无闷”的理想自矜；一下又说“感往虑有复，理来情无存。庶持乘日车，得以慰营魂。匪为众人说，冀与智者论”，看来仍处于用理智平衡、祛除或压抑情感创伤的境地，未必能够廓然。

总之，谢灵运并没有一个人生定向或整体性的思想，而是即事申理，以释其怀的。

由这些名理中，可见到谢灵运的感觉极敏锐，善感，亦善思。可惜思而无方，义无宗趣，悱悱孤愤，山水终不能涤之。以致他虽不愿仅做个诗人，终究还是诗人而非哲人，哀哉！

七

但这一路，影响深远。模山范水，游观赏心，成了后世诗家的常蹊，结合以名理玄言，也提高了诗歌写物的深度，令体物与言志相合。

后世如清末同光体，有标榜“三元”的，说作诗应由宋之元祐，上追于唐之元和，再上合于刘宋之元嘉。这就是以谢灵运这种诗为典范的。

事实上，在刘宋到初唐两百年间，谢的影响力可说无与伦比。《诗品》将他列入上品，《文选》收其诗多达三十二篇，仅次于陆机，可是陆机入选者多为乐府，就诗而论，仍以谢为首。

唐宋以后，陶渊明的评价似乎要更高，但诗人游山者多，归田者少，谢所开启之山水游赏的形态，其实更是沦肌浃髓，深入到诗人的生命中去了。其技艺也成为尔后诗人之基本养料，大家都在学习着如他那般游赏山水。

什么叫游赏?

游观游览，只是观，谢强调的却是赏。如“含情尚劳爱，如何离赏心”（《晚出西射堂》）、“我志谁与亮，赏心唯良知”（《游南亭》）、“孤游非情叹，赏废理谁通”（《于南山往北山经湖中瞻眺》）、“赏心不可忘，妙善冀能同”（《田南树园激流植援》）、“满目皆古事，心赏贵所高”（《入东道路》），都是说赏。

这也是文学史上第一次强调“赏”，后世常说欣赏文学、欣赏风景的赏，即本于此。

含情观物，因以会心，叫做赏。观者但有所见，赏者能会之于心，这是不同于从前的观物写物形态，而大开后世逵径的。可惜近人于此几乎全忘光了，故虽仍在努力游山玩水，却常无赏会，徒然“打卡”而已。

李白好似一个窟窿，简单而令人不安

一、谁在读诗?

诗歌的欣赏与研究，可以有很多方法与观点。当然，不同的方法与观点，就会看出不同的结果。

以李白诗为例。

曾经接受道箓、信仰道教且不断求仙炼丹的李白，倒了大霉，碰上了一大堆不信道教的研究者。结果这些人面对李白，不是说哪些诗可能是别人伪造的，就是说哪些诗只是表面上讲神仙，实则比兴讽喻，关怀现实。

其实并非李白关心现实，而是这些解诗人太执着现实观点了。他们只晓得以一种政治社会现实的角度来看诗，所以才会把一些抒发或描写私人情怀与生活经验的诗歌、超越现世而探讨形上问题与价值的作品，都解释为忠君爱国、关心社会。

诗歌有时只表达个人性的私密经验，与社会国家公众事务无关。有时记录公共生活与时代经验，描述社会、批评时政民俗。又有时忘世、逃世、超世、离世，多证道悟道语，表现了诗人对另一种世界与生活的追求。

对于这些“不及世”“当世”及“超世”的作品，我们应探讨其所表现之不同人生态度与美感境界，不宜只从单一角度去掌握。

正如诗仙之诗，既常寄情于神仙世界，自然就表现出飞扬飘逸的美感形态，潇洒出尘，独与天地精神相往来。诗圣杜甫，则常关怀社会朝政，充满人间性，其美感也倾向于沉郁顿挫，深入人伦物理之中。

超越性与社会性，颇为不同。若硬要以杜甫的标准来要求李白，或以李白的形态来批评杜甫，显然都不甚妥。

不幸，显而易见的道理，实践起来往往不易。整个李白诗的研究史，就犯了这个毛病，且也不只在研究李白时才如此。尤其是近百年的中国文学界，社会观点与写实主义当道，都反对为艺术而艺术，更反对不关心现实政治社会之艺术。

本文将指出这样讨论文学，将如古人研究李白般蛮横、偏激、不达事理。也将从文艺心理学的角度，说明诗人那种超越现实的眼光，才是文学创作真正的灵魂。故超越现实的文学，可能比关心现实的作品更为重要，更值得注意。

二、李白诗的诠释史

李白诗的诠释学史，素来乏人问津。原因是李白诗本身并不晦涩，如李商隐诗那样需要猜测，所以容易被人忽略了它也是含有许多诠释问题的。

同时，它又不像李商隐诗那样，有太多方向迥异的解释，或从爱情或从政治或从人生态度，各个角度形成了对辩，引人注意。李白诗的诠释者太一致了，他们多具有浓厚的政治社会倾向，所以也常从这一方面去把握李白，希望替李白画一幅比较像样的脸谱，证明李白不只是如王安石所说，只懂得酒、女人及任侠，更有大时代的关怀。

因此他们运用想象，强言比兴寄托，牵合史事，以说其现实政治社会关怀，而把李白诗解释得歪七扭八。如若仍然讲不通，那就干脆说它是伪作，辞气粗鄙、见解尘陋，不值得一读。因此李白诗的诠释问题，不是方向不同，而只是在具体指实李白诗与现实事件之关系上有些差异罢了。此外，则主要发生在李白及其诠释者之间的差别上。

信奉道教的李白，其内心世界显然并未被笺释李诗者所了解。对李白感怀生命、表达超越界之追求的诗篇，注者均淡漠视之，甚或曲解成了现世讽喻。

这种解释，其实早见于李阳冰所撰《草堂集序》。阳冰在这篇最早的李白论中便称赞李白“凡所著述，言多讽兴”，并惭愧自己无法好好绍述其志业：“论《关雎》之义，始愧卜商；明《春秋》之辞，终惭杜预。”把李诗喻为《诗经》《春秋》，正是指其中藏有微言大义，可以使闻之者生出戒心。

其后范传正《唐左拾遗翰林学士李公新墓碑》则具体地替李白的神仙道术思想辩饰：“公好神仙，非慕其轻举，将不可求之事求之，欲耗壮心遣余年也。”这是把道教信仰完全看成边缘性的无聊遣日行为，既非真与生命相关，更是现世关怀受挫后的自污活动。但他忘了早先魏颢《李翰林集序》已说过：“白久居峨眉，与丹丘因持盈法师达。白亦因之入翰林，名动京师。”李白信崇道教，本不在金阙放归之后，岂能以自污佯狂或自暴自弃来解释？

其后杜甫的地位逐渐崛起，宋人普遍认为李白诗在讽兴时事方面不如老杜。如《扪虱新话》说：“荆公编李、杜、韩、欧四家诗，而以欧公居太白之上，曰：‘李白诗语迅快，无疏脱处，然其识污下，十句九句言妇人、酒耳。’”赵次公《杜工部草堂记》说：“李杜号诗人之雄，而白之诗多在风月草木之间，神仙虚无之说，亦何补于教化哉？”《鹤林玉露》说：“李太白当王室多难、海宇横溃之日，作为歌诗，不过豪侠使气、狂醉于花月之间耳。社稷苍生，曾不系其心膂。其视杜少陵之忧国忧民，岂可同年语哉？”都是从关心时代的角度，贬李白而褒杜甫。

这是对李诗价值的质疑，也是对李白地位的挑战。面对杜甫，一位饮酒、任侠、游仙的李白，乃忧国忧民了起来。他的诗，不再是表达他个人放纵不羁的生命，而是努力地关切世道政局。如《韵语阳秋》即谓：“李白乐府三卷，于三纲五常之道，数致意焉。虑君臣之义不笃也，则有《君道曲》之篇……虑父子之义不笃也，则有《东有勇妇》之篇……虑兄弟之义不笃也，则有《上留田》之篇……虑朋友之义不笃也，则有《箜篌谣》之篇……虑夫妇之情不笃也，则有《双燕离》之篇。”

他们不但认为李白的神仙向往并非本怀，更试图透过对每一首诗的具体解说来指实李白与现实世界的关联。这些解释，大体是扣住李白政治生涯的失败而说，一方面指出李白哪些诗表达了他自己在政治上失败的感慨，一方面说明李白虽遭放归，仍然忠君爱国，对当时政局时事也仍保持高度之关切。

顺此思路，李白诗遂紧密地与时代政治联缀起来，立意仿佛皆为时为事而作了。例如《蜀道难》，便有人说此非仅咏蜀道而已，乃确实有政治上的讽刺寄托。然则所刺者何事？诗未明言，论者遂或猜是“以刺严武”，或猜是“为房、杜危之也”。又如《雪谗》那样的诗，“大率言妇女淫乱败国”，并无专指。论者亦从李白的身世政治遭遇上去猜想：“予味此诗，岂非贵妃与禄山淫乱，而白曾发其奸乎？”（《容斋随笔》）。

李白诗的笺注家，即出现于这么个时代。南宋杨齐贤先成《李翰林集》，元萧士赟删补杨注而成《分类补注李太白集》二十五卷，充分吸收了宋人这套解释观点和个别意见，建立了李白诗的诠释基调。后来明朝胡震亨的《李诗通》二十一卷，虽订正杨、萧二注甚多，然这一诠释路向并未更动。

因此，我们可以说：自宋朝以后，李杜地位已判高下，“必谓仙不如圣，一在学行甚正，一在流离造次不忘君国”（齐召南《李太白集辑注序》）。

替李白争地位的人，要不就是避此锋锷，专从艺术性及修辞方式上去讲李杜各擅胜场、各有佳处，要不就只能勉强说李白也与杜甫一样，学行甚正、每饭不忘君。

笺注家们即于此卖弄手段，钩稽史事，参合记传，潜心体味诗中隐曲幽微之处，面对其日月花鸟诸意象，辄觉其间或有比喻寄托存焉。此等风气，至明蔚为大观。对此能提出反省，则须迟至清朝乾隆年间的王琦。王琦《李太白全集跋》说：

> 诗者，性情之所寄。性情不能无偏，或偏于多乐，或偏于多忧，本自不同……后之文士，左袒太白者不甘其说，而思有以矫之，以杜有诗史之名，则择李集中忧时悯乱之辞，而捃摭史事以释之，曰此亦可称诗史；以杜有一饭未尝忘君之誉，则索李集中思君恋主之句，而极力表扬，曰身江湖、心存魏阙，与杜初无少异。

批判历来注家以忠君爱国、关怀时局解释李白之谬，从无如此深著明快者。王琦何以能跳脱旧有笺释传统的窠臼，而发现李白的精神面目并非如旧注所云云呢？那是因为他对佛教、道教较有了解。

诗歌作品与诠释者在阅读过程中有互动关系，“才兼仙佛”的李白，碰到一群耳目心志只盘旋纡绕在君国社会之间的儒家信徒，他那一方面的心境便长期处在一封闭的领域中，笺注者皆不得其门而入。直到有一位能够倾听这套特殊语言的注家出现，太白之精神与前注之得失，才逐渐显露。

三、超越的人生与诗

最早刻画李白形象的杜甫，共有论及李白之诗十二首，其中如“秋来相顾尚飘蓬，未就丹砂愧葛洪”“岂无青精饭，使我颜色好”“自是君身有仙骨，世人那得知其故”“短褐风霜入，还丹日月迟”等均涉及其仙道信仰，可见诗、酒、神仙是李白最明显的标记，也是杜甫理解李白的基本指标。任华《杂言寄李白》也说：“人传访道沧海上，丁令王乔每往还。蓬莱径是曾到来，方丈岂唯方一丈？”独孤及《送李白之曹南序》更描述：“是日也，出车桐门，将驾于曹，仙药满囊，道书盈箧。”

这些亲与李白交接游处的人，辄能感受到李白在仙道追求方面的强烈气息，他整个人所给予别人的印象，也是神仙式的。不仅贺知章一见即称他为“谪仙人”，司马承祯也说他“仙风道骨，可与神游八极之表”。李白后来与贺知章等共游，号饮中八仙，刘全白《唐故翰林学士李君碣记》且称白“志尚道术，谓神仙可致”。皆是由各种行为上体现一种超越于现实世界之上的精神。

这种精神，无以名之，或可称为一天地精神，李华《故翰林学士李君墓志》说“嗟君之道，奇于人而侔于天”者，正有见于此。

这是与人文精神迥异的一种精神。李白其人及其诗，在在显现“逸迈”“倜傥”“拔俗无类”“不拘常调”“器度弘大，声闻于天”“若在天上物外，神仙会集，云行鹤驾，想见飘然之状”“有逸才”“飘然有超世之心”“飘然思不群”之状态，实即为此等天地精神之表现。从入世的人间性看，此乃“逸格”；后世以诗仙称之，也极为妥帖。

有些读诗人，对李白诗仙之称号尚能接受，也还能欣赏李白的“天子呼来不上船，自称臣是酒中仙”，或亦称美其游侠行为，但对他的道教信仰却无法理解，更不能接受。郭沫若《李白与杜甫》一书甚至立了一节，标题就是《李白的道教信仰及其觉醒》，惊诧：“李白干下了多么惊人的一件蠢事”，“想到那样放荡不羁的李白，却也心甘情愿地成为这样的人，实在令人难解”，而硬要说李白晚年已从信仰的迷雾中觉醒了过来。这实是把李白之信教孤立地了解，且带有宗教偏见之谬说。

这些人不晓得李白的“酒仙”“诗仙”形象及性质，与其学仙之行为，整个是一体的，是一种仙风道骨的生命气质显现于各个方面的表征。且凡物同类乃能相应，同声乃能相求，只有道教的神仙生活与境界，才能吸引像李白这样飘然超世的人物；尘俗的事务，和李白是不同类的。

正如庄子感世沉浊不可与庄语，而独与天地精神相往来，所以一下说藐姑射山有神人，一下说黄帝游赤水，荒唐悠眇，读之亦飘然有凌云之感。李白的饮酒、豪侠，也辄显露为一种超离世俗正常行为与秩序的状态，与其好言神仙，其实同样是人世之逸格，为生命之逸气。

不仅此也，游侠游行之游，本来即与游仙之游属于同一种心灵活动；神仙世界与纵酒酣乐也是不可分的。游仙诗中向来以酒、宴、神仙行厨为主要意象，唐人曹唐《小游仙》诗："酒酽春浓瑶草齐，真公饮散醉如泥。朱轮轧轧入云去，行到半天闻马嘶""侍女亲擎玉酒卮，满卮倾酒劝安期""笑擎云液紫瑶觥""青苑红堂压瑞云，月明闲宴九阳君。不知昨夜谁先醉，书破明霞八幅裙"等，不都与李白诗类似吗？

饮酒纵乐的神仙不老世界，和苦寂易死的人间，恰好互相对照。李白的《将进酒》，呼喊的都是他的道教朋友如丹丘生之流，并非没有原因的。李白饮酒之后，逸兴遄飞而有诗作，也与曹唐诗描述九阳君醉后书破明霞八幅裙相似。仙、酒、艺术不自觉的神仙性演出，在此是整合为一体的。

因为如此，所以李白所给予人的美感是飞扬，所谓"飞扬跋扈为谁雄"。他的诗也是飘动的。齐召南说他"一如飞行绝迹，乘云驭风之仙"，其美正在飘逸。

杜甫所给人的美感便不然，它是质实，所谓"头戴笠子日卓午"。诗歌则是沉郁顿挫的，深入人伦物理之中，非超然万物之表，与李白恰好相反。

因此以杜甫的人间性来要求李白，不只在道教方面不契，与李白整个生命形态、精神气调都是不贴合的。我们根本不能解释那独显天地精神的李白，为何在诗歌的艺术美感上表现出飘逸出尘之姿，而却在观念指向上处处不忘社稷民生、时时注意到君政臣事。李白的生命不是如此分裂的，他整个人所给予人的印象，是神仙式的：仙风道骨，潇洒出尘。这种神仙式的人，其生命样态是超离此世的，于当世之务并不系着。因此在行为上常有豪逸之举，纵任不拘，显露侠气；在生活上，饮酒歌诗，不食人间烟火黍饭；在诗歌的历史意识及美感态度上，望古遥集，不屑与当世文风为伍，“将复古道，非我而谁？”在人生观方面，又“吾将营丹砂，永世与人别”。因为人世的所有繁华与价值，对他来说都无意义，他的人生归向是在天上而非人间。《古风五十九首》之四“桃李何处开，此花非我春。唯应清都境，长与韩众亲”，之十三“君平既弃世，世亦弃君平。观变穷太易，探玄化群生”，均可见得此遗世独立之态度。人间事功，亦非不能有所表现，但如神仙降世历谪，游戏应化一番即当弃去，所以他最佩服的人物，是鲁仲连、范蠡这一类人。

这些片段整合起来，即是一种“超越性”，别有天地非人间，独与天地精神往来。精神状态恒若在天上，俯瞰人世，不胜悲悯：“素手把芙蓉，虚步蹑太清。霓裳曳广带，飘拂升天行。邀我登云台，高揖卫叔卿。恍恍与之去，驾鸿凌紫冥。俯视洛阳川，茫茫走胡兵；流血涂野草，豺狼尽冠缨。”（《古风之十七》）对红尘人世的悲悯，首先在于体认到生命飘忽易尽，人生不能避免生命必将消逝的悲哀。李白古赋八首，《拟恨赋》即谓人生之恨在于“与天道兮共尽，莫不委骨而同归”，《惜余春赋》《愁阳春赋》《悲清秋赋》更是顾名思义，伤此流光。

既然如此，则人间的事业功名荣华富贵，一切也都是转眼成空的。“秦王扫六合，虎视何雄哉”，竟亦“但见三泉下，金棺葬寒灰”。这都是对人生本质性的否定。

经此否定，他对人生自然就会兴生哀感，悲悯世人执恋于此。以他这种人生是空的眼光观照之，一切人世的活动，均是营营，本无意义；但人即在此无意义的营营扰扰中产生了争夺杀伐，使得世界更加恐怖，“流血涂野草，豺狼尽冠缨”，“人心若波澜，世路有屈曲”，是非颠倒，价值错乱，简直一无是处。

李白诗在这方面的质疑与批判，可说是千古一人。世途、世路、世道，从来不曾以正面价值出现过，锋锷所向，甚且直指尧舜周公。

这不是历来“感士不遇”的旧调，不是知识分子因不能获君重用、贡献社会而生的感慨与牢骚。乃是对世间君臣、父子、夫妇、朋友一切人伦关系都不信任，对于世俗社会所认可的价值及其行为模式，都觉得荒谬纡错：“慢世薄功业，非无胸中画。谑浪万古贤，以为儿童剧。”（《赠友人》）

总之，李白的世界，不在地上，不在现世；在玄古，在天衢。故其在世殊不称意，殊觉寂寞。“人生在世不称意”，而“登高览万古，思与广成邻”，既是造成这种寂寞的原因，同时也就成了他寂寞后的结果。

四、现实的世界与诗

诗歌有抒情功能，重在显现自我，表达自我，处理个人私密经验，与社会国族公众事务及生活无甚关系。例如写男女恋爱、友朋交游、夫妇父子亲情、生活琐细、行处见闻、读书心得等等，一般均属于个人抒情性质，是“不及世”的。另一种，则不只抒发自我，更记录了公众的生活与时代经验，描述了社会，批评了时政民俗，这就是社会性人间性的诗，属于“在世”的诗。

还有一类，忘世、逃世、避世、超世、离世，寄精神于万物之表，游心方外，超然玄冥，多悟证语与见道语。用“圣人忘情，最下不及情，然则情之所钟，正在我辈”一语相拟，亦可称此为出世之诗。

这三类诗，代表了诗人不同的人生态度和作品的境界形态。可是，一如情之所钟正在我辈，我辈在世之人多，出世不及世之人少，钟情于时世社会的人，便常认为诗文只能是在世的，出世者无情，不及于世者卑琐无聊，均非文学创作之正途。

这种价值判断，势力极大，就连杜甫，也常遭指责。例如程伊川即谓老杜“穿花蛱蝶深深见，点水蜻蜓款款飞”一类诗毫无意义。可是诗人焉能永远都在关怀国计民生？焉能无一点生活自我的闲情与陶写？怎能真是一饭不忘君？同理，老杜亦有其超越之玄思，关心禅观，不尽落在人世义理伦常之中。

然而论者对此便常忽略之，只是一再强调他的一饭不忘君。这样的批评观点，必然造成许多偏执，不仅会压抑不及世和出世之诗的地位，也将疑神疑鬼，把不及世及出世之诗看成是针对世事而发。

李白诗的遭际即是如此。赵次公指责它“多在风月草木之间，神仙虚无之说”，不如杜甫“有益于当世”，故慨叹：“亦何补于教化哉？”其他人为了说明李白诗有价值，便极力去证明李诗如何有益于当世、有补于教化。

这种“当世”的观点，以及说明诗歌如何有益于教化的方法，并不只表现在李白身上，其他人也常会遇到。论者不能体会发泄个人情绪或写些男女私情、生活琐事之类东西的价值，也不考虑文章是否有叙及超越现实世界之处，不主张文学只在安顿个人心灵与信仰，更不认为文章只是“文章”，只是文之文采成章的文字艺术性表现。在社会与政治的指向上，文学被认为必须是为了社会为了时代而作，故有超乎一己私情以及文采雕饰层面之外的重大政治社会功能。

为满足此类文学观，论者必须寻找适合理想的作者，例如杜甫，来印证此类论述。说杜甫每饭不忘君，其诗足为诗史，记录刻画了他那个时代云云。杜甫之所以能成为“诗圣”，正拜此类人士与此类文学观之赐。

其他作者之诗作，也常被人用这种观点来把握。例如指李白诗欠缺政治社会性的王安石，特别欣赏李商隐者，端在其“永忆江湖归白发，欲回天地入扁舟”。于是李商隐遂被牵合上他与杜甫的关系，谓唐人学杜而能得其精髓者，唯李商隐一人。这些人在读义山诗时，不会去注意他的爱情诗及学仙诗，只把眼光放在《有感》《重有感》

《隋宫》一类诗上。

但如此选择性阅读和理解，笺注家并不适用，因为他们必须对诗人的诗作进行全面解读，故社会—政治观点必须也要通贯地解释爱情、闲情、仙释诗。这时便不能不借用比兴寄托说了，从《诗经》《楚辞》中发展而来的诠释方法，所谓美人香草以比君子，言之者无罪闻之者足以戒云云，对笺释家实在极为有用，可以合理合法地将诗中夫妇、男女、自然物象之关系转换解读成政治上的君臣遇合及现实指涉关系。

解诗人这种阅读法，同时也成了作诗人的写作方法。朱庆余“洞房昨夜停红烛，待晓堂前拜舅姑。妆罢低声问夫婿，画眉深浅入时无”，以新嫁娘之心情，来拟喻应试考生不知文章能否见赏于考官。辞面意义是写闺房情趣，实际指涉则为“近试上张水部”。

这便使得传统诗的诠释有着强烈的社会政治气息。而这种社会关怀倾向，在近代更是愈趋激烈。

造成它越来越激烈的，是两个相反相成的因素。

一是“五四”新文化运动所带生的个性解放浪漫主义态度。强调文学的去社会性，重视文学在“独抒性灵”方面的作用，人要能反抗社会礼教所给予人之各种压迫桎梏，方能形成（个）人的文学。这种文学态度，使得《诗经》脱离了政治讽喻的解说传统，被看成是发抒情思的个人歌咏，男女爱恋，不关帝后君臣。《楚辞》也未必即是楚国逐臣屈原之牢骚，而可以从人神恋爱等角度去理解。至于那表达个人生活情趣的晚明小品文，也获得了高度的推崇。文学可以不写时代动荡、社会良窳，只表现自己、显露自己。这样的文学，才能不再是“非人的文学”，而是“人的文学”。这是激烈反对以社会角度来要求文学的思潮。

但正因它反社会，强调人要从社会对人的层层剥削中解放出来，所以它又具有浓厚的社会批判指向。整个运动所带起的方向，便不是个人化、内在化，而是社会化。例如我们推崇晚明小品的“独抒性灵，不拘格套”，不拘，就是要破除或摆脱规范的意思，这里便含有反礼教、反体制、反权威、反社会规约之精神。文学，即因此种提倡而成为社会改革之武器，以致逐渐走向社会写实主义的道路，浸假而至于出现社会主义写实主义。所以从整体趋势上看，文学须与社会结合，是近几十年来甚为普遍的认定。

批判为艺术而艺术之文学，反对文学只刻画一己之生活与情性，讥嘲那些关心人生存在境遇而对现实世界缺乏描述认同的作品，既是如此蔚为风气，人们似乎也就像古代评述李白的笺注家一样，对浪漫主义性灵至上的文学作品存而不论、视若无睹，或曲折地把一些现代主义作品也讲成是具有现世关怀及社会批判意识的。

这些办法，无论古今，除了显示其霸道、显示它具有一种社会现世偏执之外，亦暴露了论者对文学之无知。文学，正如前文所分析，至少有“不及世”“当世”和“超世”三个面向，论者不能通观，使各得位所、各见其价值，而强欲胶执一端，必然会制造若干荒谬扭曲的画面，冤杀作者。李白诗的诠释史及李白的形象变迁史，正可作为今日衡文者之殷鉴。

五、文学价值的等级

不仅如此，从文学创作的立场上说，我们更要进一步认为：超世游世出世的文学，价值实较现世的文学更应受到重视，我们应该对它有新的认识。

此话怎讲？

我们活在现实世界，对此世界有描述、有评议、有感受，是每个人都会有的自然活动。以文字表述此类感受、描述及评议，亦为正常之现象。这些文字表述，或为文学，或为论文，或为记录报道等等，形式可以极为不同。

但从这个意义上看，文学作品与其他文字表述形式，其性质与功能，差异不大。文学与史料、史述、评论，实属于同一类东西。文学作品也常因如此而被用做史事供证，认为它记录了社会的实况。文学家则常被喻为社会的良心，为改善现实社会而奋斗。

这当然也是文学的一种价值。可是，文学之所以为文学，它与史料史述史论之不同处却被抹煞、被遗忘了。我们忘记了艺术创作本身并非技术制造。一个文学家与一般文字记述者最大的不同，在于他具有严羽所说的“别材”，一种特别的创造性能力。这种能力，即是美学艺术学家想要究明的所在，历来或被形容为“神性的视力”“天才”“灵感”“神遇”等等。

正因这异常能力的创造活动，是文学特殊艺术价值构成的关键力量，因此，论者即可据此区划文学的等级。那出诸神秘能力而形成之作品，似乎较那只由一般自然或正常能力构成之作品更具价值。

以荣格1912年发表的《谈分析心理学与文学作品的关系》为例，他把文学作品分为“无迹象”的文学与“有迹象”的文学。其中“无迹象”的文学又分为“内向的”和“外向的”两种。他在1930年发表的《心理学与文学》一文中，保留了这个划分法，但分别用“心理学文学”与“视觉文学”代替了直接从“心理学类型”中引申出来的“内向的”和“外向的”两个概念。

荣格对文学作这种分类的基础，是作家内心的心理源泉，即作家的个性和集体无意识以及从中引出来的创作本质。荣格认为，一切可以在源头中窥察到个人无意识的作品都是“有迹象”的文学作品，而“无迹象”的文学，根基始终扎在集体无意识之中。

荣格在区分“有迹象”文学与“无迹象”文学的同时，也就是在注意作品的源头是个人无意识还是集体无意识的同时，提出了一个“艺术的标准概念”。荣格认为，出自个人无意识的“有迹象”文学作品算不上艺术品，因为作者囿于个性的圈子之中，而突破个性的界线，是文学作品的一个必要条件。所以，有迹象的文学作品和没有艺术价值的精神病无多大差别，艺术作品标准之概念只有在“无迹象”的作品中才得以实现。

在分析“有迹象”文学与分析“无迹象”文学时，也有一个根本的区别：分析前者必须采用“因果、归纳”的方法，分析后者须用“诱寻式”方法。所谓“因果、归纳”的方法，就是根据作家的个人无意识，把作品内容与作者生平中情感的矛盾与冲突挂钩。而

"无迹象"的文学，也就是艺术性强的文学，发端于集体无意识，所以就不能用"因果、归纳"的方法去把握。分析这种文学，需要一种专门的方法。荣格认为"诱寻式"或曰"合成式"的分析方法就是这样一种行之有效的方法。

荣格的理论，自为一家之言，视一切文学均源于无意识。但他所说那种出自个人无意识之作品，因可透过对作者个人生平之因果归纳而分析之，故吾人可说那即是一般作者在现实世界生活中所产生感情波动而形成之作品。至于来自集体无意识，邈无迹象之作品，则如严羽所谓"羚羊挂角，无迹可求"。只能由分析某个时代中远古原型的表达方式及其象征而知之。

此类文学，并非作者个人由理性感性能力及其与社会之互动而生，系生自一种神秘幽远的奇特记忆或异常能力，犹如巫师灵媒在诗听或颠狂状态中偶然被神灵唤起之应答。其作品之内容，遂亦非显露他个人的社会态度，而是呈现了一种真理的象征性表达。

荣格把后者视为真正的艺术，自为其特殊之理论使然。但去除其理论的特殊性，我们仍应同意这种文学等级的判断。而且把这种判断挪用到有关李白诗歌的讨论上去，我们即可发现：被称为"天才"，并惯于酣醉中吟诗的李白，所体现的即是那种真正艺术的精神，黄山谷形容其诗"如黄帝张乐于洞庭之野，无首无尾，不主故常，非墨工椠人所可拟议"，正谓其为无迹象之文学，呼唤一种遥远的神灵意象，超离此世，复归元古。

此等文学，强欲求其迹象，自其生平情感之矛盾与冲突处说其个性，已属下乘；乃意欲将之等同于、黏着于现世的文学，更非善策。对李白诗的理解，看来是应超越社会现实观点，注目于它“神性的灵视”性质、异于常人的精神状态、神仙世界的描述以及遨翔腾凌于沧溟上古的姿势才好。因为，这是神性的文学，原是不能以人间性拟议规范之的：“噫嘻歙奇哉！自开辟以来，不知几千万年。至于开元间，忽生李诗仙。是时五星中，一星不在天。不知何物为形容，何物为心胸，何物为五脏，何物为喉咙？开口动舌生云风，当时大醉乘游龙。开口向天吐玉虹，玉虹不死蟠胸中，然后吐出光焰万丈凌虚空。盖自有诗人以来，我未尝见大泽深山、雪霜冰霰、晨霞夕霏，万化千变；雷轰电掣，花葩玉洁，青天白云，秋江晓月。有如此之人，有如此之诗！”（徐积《李太白杂言》）

是的，李白是超世之仙，偶谪人间。故宜究明其神仙性质。但，其实每位艺术家都可能在某一特殊时刻忽尔“异常”，忽有神感灵遇，天机偶发，而切断他与现世正常的逻辑因果联系，偶然畸于人而侔于天，并表现了他对超越界形上领域的兴趣，显露出他对人生的终极关怀。对于这些文学作品，我们难道也仍要用现世观点去限囿它吗？

李商隐与佛教

李商隐（字义山）年轻时，曾入玉阳、王屋之山学道；移家关中以后，也一直跟道教中人有所往来。诗文中叙述这类事迹很多，早已为世人所熟知了。宋杨亿、钱惟演等人学李商隐诗，作《西昆酬唱集》，称西昆体。“西昆”二字，用的就是神仙家的典故。可见李商隐跟道教的关系，几乎是密切得可以用来作为一种标记了，世人对它当然也十分熟悉。

但是李商隐的研究者虽多，似乎还很少人讨论到他跟佛教的关联。我不太了解产生这种现象的原因，可是论义山而不及于此，毕竟是桩憾事。这篇短文，就是想替义山稍补遗憾。

一、李商隐学佛的经过

李商隐早岁学道，同学有彭道士、参寥等人。后来漂泊江湖，依人奔走，生活极为苦闷，所以内心中虽然非常渴切地想创立一番功业，但失意时又总不免想到归隐之事。甚至在《七月二十九日崇让宅宴作》诗中，很凄恻地说：“岂到白头长只尔，嵩阳松雪有心期。”这种感慨，熟悉义山诗的人都知道，并不是率尔而发的。因为义山本人对于求道，不像当时许多人那样，视为时髦有趣或带有某些特殊目的的事，他是真诚的向往，并且有生命的热情在，所以常会自负有仙才，且能“十年长梦采华芝”，眷情于道，把它当做生命最深与最终的归宿。

但偏偏奇怪的是他晚年并未以道为归宿，反而选择了佛。《樊南乙集》自序说自桂林至蜀东川，“三年以来，丧失家道，平居忽忽不乐。始克意事佛，方愿打钟扫地，为清凉山行者”。这种口吻，实在不像义山平时的语气。也许我们可以说他是丧妻后，意绪寥落所致，或者像白居易，早岁学道，晚而弃之拜佛。但一来，丧妻与奉佛并无必然的关系，倘若说奉佛是为了安慰心灵，入道又何尝不能抚慰心灵上的创伤？何况，嵩阳心期，很可能是指他与妻子间共同的归骨或归隐愿望，奉佛岂不又违背这种愿望吗？至于说早年求道，后来转而奉佛，历史上不乏先例。可是这种人生终极向往的抉择，是件大事，在文献上我们看不到李义山类似白居易那样，有心理上一段反复退省、挣扎、激荡的历程。如此轻描淡写的一两句话，就要交代这种转变，我们认为是不可能的。因为义山不是个不自觉的创作者，他的反省力很强，如果确实有这么重大的转变，他的生命中必有刻痕，可供人玩味摩挲。

因此，我们不妨换个角度来看。譬如李商隐有一首《忆住一师》，诗云："无事经年别远公，帝城钟晓忆西峰。炉烟消尽寒灯晦，童子开门雪满松。"这首诗写得很清淡，而且末句暗用徐陵东阳双林寺傅大士碑"京洛名僧，学徒云集，莫不提函负帙，问慧谘禅，居荫高松，卧依磐石"，也能融情入景，意余言外，在义山集中风格很特殊。但这首诗，根据《北梦琐言》的记载，又作王屋匡一上人、屋山僧匡一。冯浩注认为住一就是匡一。如果住一即是匡一，匡一又在王屋山，则很可能李商隐早年学道于玉阳、王屋之间时，已经跟和尚颇有往来了。

这个讯息，在义山与僧人有关的诗篇中，可说是非常统一而且明显的，例如这首诗说经年相别、《题僧壁》诗说"琥珀初成忆旧松"、《归来》诗说"旧隐无何别，归来始更悲。难寻白道士，不见惠禅师"，都是如此。白道士，是义山学道玉阳、王屋时的旧识，集中有《赠白道者》诗；惠禅师自然也是这段时期即已结识的旧隐了。

由此看来，李商隐跟佛教的关系，几乎是与道教同时发生的。道与佛，也一直在他身上起着作用，所以后来崔珏《哭李商隐》说"只应物外攀琪树，便着霓衣上绛坛"，就是兼包佛道二教而说。

要这样看，我们才能理解义山集中某些含义不明的作品，对他的生命形态，也较能掌握。义山有仙道的向往，有人间功业的追求，乃是大家所熟悉的。可是在义山本人来说，他对于佛法，也是非常痴迷的。《自桂林奉使江陵途中感怀寄献尚书》说得好："白衣居士访，乌帽逸人寻。佞佛将成缚，耽书或类淫。"居士与逸人，可以简单代表佛道二教，上两句表明自己经常与二教中人来往，下两句则述说自己的造诣。所谓缚，见《维摩经》，经云：“何谓缚？何谓解？贪着禅味，是菩萨缚；以方便生，是菩萨解。”义山用这个典实，表面上诚然非常谦退，事实上却自负得紧，所以《明禅师院酬从兄见寄》又云：“贞吝嫌兹世，会心驰本原。人非四禅缚，地绝一尘喧。”据《楞严经》载：“一切苦恼所不能逼，名为初禅；一切忧悬所不能逼，名为二禅；身心安隐得无量乐，名为三禅；一切诸苦乐境所不能动，有所得心，功用纯熟，名为四禅。”四禅并非根本，故云会心驰本原。义山大概自认学佛功夫已经达到了菩萨解缚之间，所以才有这一类话。《送臻师二首之一》又说：“昔去灵山非拂席，今来沧海欲求珠。楞伽顶上清凉地，善眼仙人忆我无。”灵山为世尊说法之地，义山自称是从灵山讲会中来，已经很了不得了；次句竟又说自己是想要寻找代表佛法精奥的摩尼宝珠（善友太子乞摩尼宝珠于龙王之耳，见《报恩经》），自抬身份之余，当然也充分揭明了自己整个人生蕲向，在于求得人生的究竟归宿或目标，即使入世，亦非拂席逃叛。

传统的笺注家，以冯浩、张尔田为代表，显然并未注意到义山这一类作品所流露的意识。因此，义山从新旧《唐书》以下，就都在“背恩无行，恃才诡激，放利偷合”的评价漩涡中打转。有人肯定他，有人批判他，但没有人理解义山所追求的，并不是现实层面的利害或遇合，而是整个人生问题的安顿；锦瑟无端的惘然，也正来自沧海求珠不可得的憾痛。这样，义山的生命形态及其内容，当然就被贬低了；他的“忧生念乱”（张谱语），也只能被看作是个人得失的悲喜或对时局的感愤，不是真正对人生发出一声深沉的忧生之嗟！

其实，义山正是因为生命中有这样深刻的忧生之嗟，所以才会毕生向往佛与道，并在晚年摆脱一切地克意事佛。由文献上看，他越到晚年，越虔诚奉佛。集中所录，除了《同崔八诣药山访融禅师》作于武宗以前，《五月十五夜忆往岁与澈师同宿》作于桂林之外，多半属于随柳仲郢入蜀后所撰。另外，他又在常平山慧义精舍藏经院，创石壁五间，金字勒《妙法莲华经》七卷，并写了《四证台记》《弥勒院碑》《为八戒和尚谢复三学山精舍表》《佛颂》等文。随柳仲郢还朝以后，居西京永崇里，更有与僧彻一段故事，宋赞宁《高僧传·悟达国师知玄传》载：

> 有李商隐者，一代文宗，时无伦辈，常从事河东柳公梓潼幕，久慕玄之道学，后以弟子礼事玄。时居永崇里，玄居兴善寺，义山苦眼疾，虑婴昏瞽，遥望禅宫，冥祷乞愿。玄明旦寄《天眼偈》三章，读终疾愈。迨乎义山卧病，语僧录僧彻曰：“某志愿削染，为玄弟子。临终寄书偈诀别”云。……凤翔府写玄真，李义山执拂侍立焉。

义山与知玄相遇，在大中八年左右，但此传叙述在回京以后；而义山因病还归郑州时，玄弟子僧彻正充左右街应制赐紫，也不见得能亲与接闻临终之语。所以我们很怀疑这段记载的真实性。大抵义山与知玄僧彻确有往来，但详情却未必如此处所述。僧徒记僧事，例多浮夸，好抑人以尊己，例如《佛祖统纪》云：“元和元年，诏沙门知玄入殿问道，赐号悟达国师。玄五岁能吟诗，出家为沙弥，十四讲经。李商隐赠以诗云：十四沙弥解讲经，似师年纪止携瓶。沙弥说法沙门听，不在年高在性灵。”元和元年义山根本尚未出世，怎能赠诗？这种记录就明显是错误的。《佛祖统纪》既误，《高僧传》自也不能尽信。因为害怕瞎眼而祷告，义山性格中固然也有这柔弱的一面，可是把他跟知玄的交往，系于知玄的法术神通，便不免太小觑义山对佛理的深湛造诣了。

二、李商隐学佛的原因

义山集中有关知玄与僧彻，只有一首《奉寄安国大师兼简子蒙》。这首诗引起很多争执，释道源认为是指大达法师端甫，钱牧斋认为是知玄，张尔田则认为只有僧彻才住过安国，但如果指僧彻，似又不必称其为大师。另外《别智元法师》诗，释道源与钱牧斋都认为即是知玄，诗说：

云鬓无端怨别离，十年移易住山期。
东西南北皆垂泪，却是杨朱真本师。

这首诗，冯浩、张尔田驳得很有道理：唐时女冠也称法师，天下无云鬓之和尚，故此诗必非赠知玄，而是赠女冠智元。但是，通过这首诗，我们也许更容易明了李商隐学佛学道、佛道交杂的原因。

以时代来说，唐代中叶，正是士大夫普遍学佛法的时代。《癸辛杂识》云："唐世士大夫重浮屠，见之碑铭，多自称弟子，此已可笑。柳子厚《道州文宣庙记》云：'《春秋》师晋陵蒋坚，《易》师沙门凝辩。'安有先圣之宫，而可使桑门横经于讲筵哉？此尤可笑者。然《樊川集》亦有《敦煌郡僧正除州学博士僧慧苑除临坛大德制》。则知当时此事，不以为异也。"（《全唐文纪事》卷一〇七引）可以观一时风会。在这个时代里，不仅士人学佛，即使道教中人也常摭采佛理，以阐发道教宗旨，故《玉涧杂书》说："子微作《坐忘论》七篇……道释二氏本相矛盾，而子微之学乃全本于释氏，大抵以戒、定、慧为宗。观七篇序可见。"在这种风气习染之下，义山要避免与僧人来往或研习佛理，本来就不是很容易的事。

但就另一方面说，唐代道教与佛教的界限也是非常清楚的：信佛出家者称为僧尼，信道者则为道士女冠；僧尼衣袈裟、剃发，道士女冠羽衣道服、蓄发作髻；僧尼住寺，道士女冠居道观；道士女冠先隶宗正寺，后改司封检校，僧尼先隶司宾，后改祠部；且道士有仕进之途，僧人则无。两教也彼此相倾轧，最著名的就是唐武宗与李德裕因信道而发动的会昌法难，几乎完全摧毁了唐代佛教徒辛苦建立的基业，使许多大宗派一蹶不振。李商隐亲身经历了这次法难，而他与李德裕、杜悰又有相当的关系，何以还会在佛道交哄斗争得最激烈的时候，兼习二教呢？

原因可能就在“东西南北皆垂泪，却是杨朱真本师”这两句话上。李商隐一生屡以杨朱自喻，如《西溪》诗“苦吟防柳恽，多泪怯杨朱。野鹤随君子，寒松揖大夫。天涯常病意，岑寂胜欢娱”；《荆门西下》“洞庭波阔蛟龙恶，却羡杨朱泣路岐”之类，均属自伤之作，这在其他诗人集中是很罕见的情况。造成这一现象的主要原因，是由于李商隐本人特殊的生命形态中，有一种强烈的寻求生命之寄托的倾向。他常感身世悠悠，对于时间，尤有深刻的感怆，每每在物华繁盛时，便兴起众芳芜秽、繁华消歇之感，像《夕阳楼》《岳阳楼》《乐游原》这一类诗，都是如此。他之伤春，而且以伤春作为人生的一种情调，也未尝不是由于这种特异的性格。

像这一种人，才会时常有“无端”之感，犹如当年卫玠渡江，而说：“对此茫茫，不觉百感交集。”义山就有这样怅触无端、百感沓来的情况，如《锦瑟》的“锦瑟无端五十弦”、《别智玄法师》的“云鬓无端怨别离”、《潭州》的“今古无端入望中”、《属疾》的“秋蝶无端丽，寒花只暂香”等，无不是这样忧来莫名，愁去莫止。

而这番无端的哀感，来自生命内部最深邃处，所以基本上是无法排遣的；但义山的悲哀，就在于他一直想要替无可排遣的无端之哀，寻个安顿。他在情感上、在事业上乃至于仙佛之向往上，都不只是纯粹的沉溺、发泄或遭遇挫折后的逃避，而是有寻找内在安顿的人生渴求。他一生不断在作这样的找寻，所以也徘徊在情爱、仙佛与仕途之间，往复交缠，茫茫然不知涯际；这样的人生，可说是矛盾极了、悲苦极了，他不晓得什么才真能安顿他自己、什么才真是人生的归趣，因此，他从内在的体验上，开始逐渐理解到杨朱泣歧的意义。因为歧路，代表一种抉择；路固然通往目的地，但选择本身就是令人迷惘、狐疑甚至痛苦的。抉择时诚然可以有坚持理想的昂扬，但选择必然也代表某一部分的割舍。生命濒临割舍，已经是一种难堪的痛楚了，偏偏这些岔路又令人无法确知自己的抉择与割舍是否可以正确无憾，在此，于人又不能不有所怀疑。杨朱之所以临歧而泣、阮籍之所以穷途痛哭，哭的都是这种人生抉择的悲哀。但是，不幸的是，李商隐的悲哀比他们更甚，因为他不但徘徊于歧路，有人生失路之感伤哀痛，更深沉的，他也晓得这些路，可能没有一条是可以安顿人生的路。所以，在两性关系上，他歌咏情爱，肯定情之尊贵，但同时，他又确信情爱只是虚幻，“莫讶韩凭为蛱蝶，等闲飞上别枝花”（《青陵台》）；在人与外在世界的关系上，他追求现实世界的政治秩序与功业，有“欲回天地入扁舟”的抱负，有理想主义之气质，但同样地，他对这样的事功及评价，也感到不可信任，而且历史兴亡，在时间的淘洗之下，现实世界的事功更是显得脆弱无意义，集中如《李卫公》《旧将军》《过伊仆射旧宅》《筹笔驿》《武侯庙古柏》《咏史》《茂陵》等诗，都表现了这种意识。同理，在人与超越世界的关系上，他也是既向往仙道，视之为生命中的终极归趣，又对这种安顿方式感到幽渺难凭，否则就不会说“八骏日行三万里，穆王何事不重来”（《瑶池》）。这岂不是一种矛盾吗？是的，李商隐就生活在这层层矛盾之中，徘徊于这不可消解而又必须执着的伤痛之中。他说“却羡杨朱泣路歧”，正是因为杨朱所泣，只是人生之抉择的苦痛，他则根本无路，只能站在原地，伤情地高吟“东西南北皆垂泪”！

佛教，跟道教一样，都是李商隐在追寻人生归宿以安顿自我时的一条道路，代表了他对超越的形上世界之关怀与向往，希望能通过人与形上的结合，跃离现实生命的沉沦与痛苦。他曾作《五月六日夜忆往岁秋与澈师同宿》《题白石莲华寄楚公》一类诗，对有交往的和尚深致怀念，这种怀念，即包含了他对佛家境界的歆慕。而他那一些情诗，也在某种意义之上，跟他对佛家境界的蕲向有异曲同工之妙，所以钱牧斋为释道源所注的《李义山诗集》作序时才会说：

> 义山《无题》诸什，春女读之而哀，秋士读之而悲，公真清净僧，何取乎尔也？公曰：佛言众生为有情，此世界情世界也。欲火不烧然则不干，爱流不飘鼓则不息。诗至于义山，慧极而流，思深而荡，流旋荡复，尘影落谢，则情澜障而欲薪烬矣。春蚕到死，蜡烛灰干，香销梦断，霜降水涸，斯亦箧蛇树猴之善喻也。且夫萤火暮鸦，隋宫水调之余悲也；牵牛驻马，天宝淋铃之流恨也；筹笔储胥，感关张之无命；昭陵石马，悼郭李之不作。富贵空花，英雄阳焰，由是可以影事山河，长挹三界，疑神奏苦集之音，阿徒证那含之果。

义山认定爱情、人间功业乃至仙道都是虚幻的，刚好在意义上是由执着与追求，进而到洞知一切执着与追求都属虚妄，而近于佛家的讲法。他末年以佛为归宿的主要原因，当亦在此。如果我们朝向外在的解释来看这个问题，恐怕就很难体察到这中间的曲折幽微了。

三、李商隐与僧佛有关的诗作

通过以上这样的理解来看义山诗，诗境便开阔深广了许多，而义山与僧佛有关的诗篇，也较易明白其意趣。

李氏与僧佛有关的诗并不很多，但表现的层面却很广。其中第一类是对佛家及其所开显之世界的描述，例如《咏三学山》诗：

> 五色玻璃白昼寒，当年佛脚印旃檀。万丝织出三衣妙，贝叶传经一偈难。夜看圣灯红菡萏，晓惊飞石碧琅玕，更无鹦鹉因缘塔，八十山僧试说看。

这种诗，不但与李商隐描述道教及其所开显的世界同一机杼，也是唐人一般的写法。一方面刻绘实景，一方面广泛而灵巧地运用佛家典故，像圣灯一词，是佛家常用语，但也呼应了三学山神灯的奇迹。这跟杜甫《望牛头寺》诗所云“牛头见鹤林，梯径绕幽深。春色浮山外，天河宿殿阴。传灯无白日，布地有黄金。休作狂歌老，回看不住心”正复相似。大抵唐人写佛与僧，还很少禅趣证悟的意涵，即使是王维、白居易，也是禅语多而禅味少，且喜用释家典，义山亦不能例外。如《奉寄安国大师兼简子蒙》诗：

忆奉莲花座，兼闻贝叶经。岩光分蜡屐，涧响入铜瓶。日下徒推鹤，天涯正对萤。鱼山羡曹植，眷属有文星。

蜡屐铜瓶，用《高僧传》释僧会事。其《四证堂碑》也用过这个典：“石磬朝吟，铜瓶夜满。”从前纪晓岚曾批评他这一类诗说：“禅偈为诗，易坠恶趣。以东坡语妙天下，犹时不免于俚鄙，况下此乎？无挦撦内典之迹，而山水清音，味含禅悦，则善之善矣。”讲得很对。但唐人一般作法即是如此，试看王维《夏日过青龙寺谒操禅师》、白居易《读禅经》《感悟妄缘题如上人壁》一类诗，不也都是语木声希、挦撦内典以成篇吗？固然我们不能说其他人咏僧佛的诗也不好，就等于义山诗这样的创作形态是合理的，但讨论历史时，我们理应存有一份同情。味含禅悦的作品，自宋以后，较擅胜场，乃是文学创作史上处理题材后出转精的现象，我们正不必据此以讽嘲古人。

不过，这样挦撦内典的作品，近乎客观的描述，并无多少作者主观的情感与思想寄存其中，义山本身并不是这种创作形态的诗人，所以他大多数与僧佛有关的作品，都不是如此的。他有些诗，确实可以看作是他在追寻人生安顿时的一种感伤，譬如《游灵伽寺》诗：

“尽日伤心人不见，石楠花满旧琴台。”以及《题白石莲花寄楚公》诗：

白石莲花谁所共？六时长捧佛前灯。空庭苔藓饶霜露，时梦西山老病僧。大海龙宫无限地，诸天雁塔几多层。漫夸鹙子真罗汉，不会牛车是上乘。

莲花养神、灯前礼佛，见徐陵《孝义寺碑》，《涅槃经》“若于佛法僧，供养一香灯。乃至献一华，则生不动国”。又，《佛升忉利天为母说法经》“佛母闻已，乳自流出，犹白莲花，而直入如来口中”，首二句盖用此典。冯注未及详。但冯浩解释这首诗后四句说：“下半喻职官之多、阶品之积，乃我不得效用朝家，而惟寄身使府，譬之说法，徒叹小乘耳。”却很有意思。他纯从外在的得丧遇合来解释，可是由诗意看，后四句是从“时梦西山老病僧”这一句中生出来的。所以后四句不可能一下荡开，而与佛境界无关；何况，大海龙宫，不也正与义山沧海求珠的愿望互相呼应吗？因此，我们觉得这是义山在向往佛家义理时，对自己存在处境的一种感叹，故题名忆。是由白石莲花，现在的佛灯与白石莲花，想到西山的“老病僧”，再想到楚公所代表的佛家境界（注意“时梦”二字），而与自己现在的处况作一对照与思省，诗境尤限延伸扩大。这位楚公，不知是谁，然而西山之西，与《忆住一师》所说“帝城钟晓忆西峰”之西，正复相似，难道这西山即是他少年时学佛之地吗？

同样地，义山怀旧中兼有对佛家世界之向往的作品，还有许多，如《题僧壁》：

舍生求道有前踪，乞脑剜身结愿重。大去便应欺粟颗，小来兼可隐针锋。蚌胎未满思新桂，琥珀初成忆旧松。若信贝多真实语，三生同听一楼钟。

按：徐陵《东阳双林寺傅大士碑》："割身奉鬼，闻半偈于涅槃；卖髓祠天，能供养于般若。理当刳心靡吝，擢骨无疑者乎！"《弥勒所问本愿经》："乃往过世有王天子，号曰莲华王……见一人身体病癞……病者答曰：得王身髓以涂我体，其病乃愈。是时太子即破身骨，以得其髓，持与病者。"又，《千佛因缘经》："时雪山中有婆罗门，名牢度跋提，白夜叉言：'唯愿大师为我说法，我今不惜心之与血。'……即持利剑刺胸出心。"义山首二句应即用此典，冯注亦未举出。旧松忆僧，且明言若确信贝多真实之语，则己必与僧同听此一楼钟声，题旨较白石莲华忆楚公尤晰；义山后来在蜀中，曾以金字勒《妙法莲华经》七卷于壁，亦当是此类诗作意识的延续。

比这些作品更为明显的，是《北青萝》诗：

残阳入西崦，茅屋访孤僧。落叶人何在？寒云路几层？独敲初夜磬，闲倚一枝藤。世界微尘里，吾宁爱与憎。

"北青萝"，题不知何义，其实出自《高僧传》。义山《四证堂碑》说“陇右沙门，尚餐松叶……奚求往哲，度青萝之猎客”，即用此典；而且此诗“独敲初夜磬”句，也见《四证堂碑》。因此，此诗是借访僧的行动，象征自己对于佛世界的追寻，所谓“落叶人何在，寒云路几层”，正是说明自己追求之诚之笃；诗中借着孤僧、人何在、寒云、独敲、闲倚一枝，点明了这种追寻乃是孤寂的旅程与探索；而所谓访孤僧，更揭示了他探寻的目标。这种目标，与《别臻师》诗也是一致的。《别臻师》之二：

苦海迷途去未因，东方过此几微尘？
何当百亿莲华上，一一莲花见佛身。

微尘世界，见《涅槃经》。《法华经》又云：“假使有人磨以为墨，过于东方千国土，乃下一点，大如微尘；又过千国土，复下一点。如是展转，尽地种墨，是诸佛土。若算，师知其数否？”《梵网经偈》云：“我今卢舍那，方坐莲花台；周匝千花上，复见千释迦；一花百亿国，一国一释迦；各坐菩提树，一时成佛道。”佛家论世界，有一切法界、虚空界等世界，见《华严经》；徐陵《齐国宋司徒寺碑》也有众生无尽、世界无尽，芬若披莲、远如散墨的说法。李义山在这儿，就是说众生迷惑，如在广大苦海之中，如果能让人人得道，皆为释迦，岂不甚妙！前文曾说义山有通过形上超越世界的追寻以安顿人生之企图，这类诗是最明显的证据了。

由于他对佛法有这样的向往及对人生有广大的悲愿，所以对于僧人不守佛法，格外感到无法忍受，例如《僧院牡丹》诗所谓粉壁荡水、缃纬卷灯，以及枝轻露倚、色浅依僧之类，冯浩说他写得太刻薄，大伤诗教。就诗来说，诚然不够敦厚，但他之所以会表现出这么强烈的憎厌与讥讽，未尝不是因为他有向往佛法以求安顿的心愿啊！

另外，义山咏僧人，既多是表现他对佛境界的向往，当然在诗艺上便会尽量避免堆垛刻画，而倾向于铺展一个清淡幽远的境界，以景托境，而显禅心。例如《华师》：

孤鹤不睡云无心，衲衣筇杖来西林。
院门昼锁回廊静，秋日当阶柿叶阴。

写景极宁静、极清雅，而且深得禅趣。因为鹤惊露则不眠，何况是孤鹤？但此处所谓孤鹤，犹如《北青萝》之所谓孤僧，关键在于“无心”二字。《楞严经》不是说过“有色无色，有想无想，若非有色，若非无色，若非有想，若非无想”吗？这首诗就是写这种无心之境。其次，例如《访隐诗》：“路到层峰断，门依老树开。月从平楚转，泉自上方来。”上方指僧舍，故此诗是访僧而非寻道士；层峰路断，树倚门开，也充满了禅趣，可以跟义山其他咏僧佛之诗合看。像这一类写法，是义山所惯用的，如《忆住一师》：“炉烟消尽寒灯晦，童子开门雪满松。”《同崔八诣药山访融禅师》：“岩花涧草西林路，未见高僧且见猿。”《游灵伽寺》：“碧烟秋寺泛湖来，水打城根古堞摧。”《访隐者不遇》：“秋水悠悠浸野扉，梦中来数觉来稀。玄蝉去尽黄叶落，一树冬青人未归。”“沧江白石樵渔路，日暮归来雨满衣。”这些清幽淡远的写法，与《无题》《锦瑟》一类风格，有显著的差异。因为它来自一种特殊的心态，我们必须了解这种心态，才能深入玩索这些作品。

四、结语

李商隐与佛教的关系，早在钱谦益为释道源、朱长孺义山诗注作序时，即已提出来了，可以说是第一次正式出现有关李商隐的论题，其次才是有关义山政治人格的评价问题。但是三百年来，论者几乎倾全力去探讨义山政治与道德的问题，而对他与佛教的关系，漠视不论。其实，正如钱牧斋说的，有关义山与佛教关系的研究，一定会影响到我们对义山人格的理解，所以也一定会改变我们对义山政治人格的解释。

本文就是通过整个义山人格成长及发展的历程，来说明他学佛的原因、经过和结局，解说他对人生的看法，提供一种新的诠释方式。文章当然写得不太详尽，但我相信，这也许能为读义山诗者开拓一个较宽广的视野、较深刻的层面。

李商隐学仙

我国诗人有道教渊源者，李白、李商隐、苏东坡最著名。但近年因道教衰落，读者已少关注此事，所以反而留下不少谜团。

李商隐（字义山，号玉谿生）跟李白一样是道士，但过去的注解很少在这里深入探讨，以至如今竟有人说："一般笺注家如朱长孺、张采田、冯孟亭等并未载习业玉阳之事。"（白冠云《李商隐艳情诗之谜》）

其实古人不会如今人这样疏陋，各家注解当然都谈过，例如冯浩便不仅说李商隐曾在王屋山学道，且明指有艳情。

只不过，关于李商隐学仙的时间，诸家所考，不甚相同。刘学锴、余恕诚《李商隐诗歌集解》，系在宝历二年（826），义山十五岁左右。但"习业南山"的时间，则放在太和七年（833），义山二十二岁时。王汝弼、聂石樵《玉谿生诗醇》则把玉阳王屋之事系在二十二岁崔戎卒后。冯浩则谓义山去玉阳学仙在宝历元年（825），时间更早了。

然此年义山正应进士第，不可能入山。所以都还应再考。

诸家考证之所以分歧，主要原因是不太重视这事。因为传统的解释都偏向政治方面，其次是李商隐的爱情问题。而爱情也常与政治关连起来，涉及牛李党争等事。

近世重提此题，却是从爱情方面勾连到道教。苏雪林的《李义山恋爱事迹考》（1927）于此贡献良多。不但指出李商隐和皇帝的两个宫嫔飞鸾、轻凤偷情，在王屋山学道时也跟女道士有恋情。

但她的研究疏漏很多，例如认为李氏早年入山学道，并无道心，“无非为自己将来出路计，并非看破世情而作出尘之想”，“其在王屋修道不及一年即下山，当因品行不端，被道观开革”，均为谬说。义山《上河东公启》自云“早岁志在玄门”，岂如苏先生所云。

所以这个题目还得继续做、深入做。底下我稍微说说。

义山诗中多涉女冠事。早年的，如《天平公座中呈令狐令公》云：“罢执霓旌上醮坛，慢妆娇树水晶盘。更深欲诉蛾眉敛，衣薄临醒玉艳寒。白足禅僧思败道，青袍御史拟休官。虽然同是将军客，不敢公然仔细看。”

说令狐楚在担任天平军节度使时，宴客座中有一女子，妆扮娇艳，神态动人，禅僧御史这样的修道人或端严之士见之，也要无法自持。自己才十八岁，地位又较低，故不敢如刘桢那样直盯着甄后看。此文说这个女子曾执云旆霓旌，登坛作醮，自为女道冠无疑。

女道士为何会在令狐楚座上出现，李商隐又为何不敢正视她，都是启人疑窦的。

李诗中用刘桢来自喻、以甄后喻女道士，难道这位女道士竟是令狐楚的姬人吗？冯浩注引徐逢源曰：“唐时，女冠出入豪门，与士大夫相接者甚多，或令狐家妓曾为之。”讲的就是这种推测。

但若是令狐楚家妓中有曾为女冠者，则既为别人家之家妓，客人自不应对之起绮念、思败道、拟休官。故此恐非家妓，应仍是道士身份。

盖唐代女冠出入豪门，有不少类似交际花者。在令狐楚座上引得一干男人流口水的，应即为此等女冠。

义山对此类女冠，颇为其艳色所动。在令狐楚座上虽不敢公然仔细看，平居则于其修真生涯深致遐想，《碧城三首》所谓，殆即此也。诗云：

碧城十二曲阑干，犀辟尘埃玉辟寒。阆苑有书多附鹤，女床无树不栖鸾。星沉海底当窗见，雨过河源隔座看。若是晓珠明又定，一生长对水精盘。

对影闻声已可怜，玉池荷叶正田田。不逢萧史休回首，莫见洪崖又拍肩。紫凤放娇衔楚佩，赤鳞狂舞拨湘弦。鄂君怅望舟中夜，绣被焚香独自眠。

七夕来时先有期，洞房帘箔至今垂。玉轮顾兔初生魄，铁网珊瑚未有枝。检与神方教驻景，收将凤纸写相思。武皇内传分明在，莫道人间总不知。

题名碧城，冯浩无注。考《太平御览》“紫云之阁，碧霞为城”，碧城为上帝天尊所居之处也。诗名碧城，盖取义于此。

碧城十二曲阑干，冯注引徐曰“江淹诗：阑干十二曲，垂手明如玉”，其实非江淹诗，乃《西洲曲》。十二，犹如三、九，表多数，《木兰辞》中言十二者凡三，义山《九成宫》亦云“十二层城阆苑西”。此则用以形容碧城曲、阑干复沓，为天尊所居，故俗尘不到。

然此绝俗离尘之处，却充满了情爱纠葛。其间，女子对影闻声，楚楚可怜，又与男子通书幽会，栖鸾放娇，充满了性遐想与性暗示。

叶葱奇《李商隐诗集疏注》认为这三首是讥讽唐武宗求仙。一指他在望仙台上求仙，二批评他既求仙又纵情声色，三谓求仙与炼药均已落空。陆昆曾《李义山诗解》则谓：“此三诗为太真没后，明皇命方士求致其神而作也。”冯浩又云：“三诗向莫定其解，《曝书亭集》曰‘一咏杨贵妃入道，一言妃未归寿邸，一言明皇与妃定情系七月十六日’，固未然也。钱木庵亦有杨妃之解。然首章总不可通，余亦未融洽。要惟胡孝辕《戊签》谓刺入道宫主者近之。”

以诗考之，冯说为是。唐人咏明皇贵妃事，本无忌讳；义山咏贵妃事，亦不罕见，无需迷离恍惚，借仙家为说。故此应为咏女冠者，所述对象为女人，非唐武宗那样的男性皇帝。

唯此类纠葛于情爱间的女冠，也未必一定要是宫人入道，任何女冠均有可能。反而是他在《和韩录事送宫人入道》诗中说：“星使追还不自由，双童捧上绿琼辀。九枝灯下朝金殿，三素云中侍玉楼。凤女颠狂成久别，月娥霜独好同游。当时若爱韩公子，埋骨成灰恨未休。”认为宫人入道，就是远离了人间情爱，不能再颠狂。这是期许宫人入道后能够无情独居的，与《碧城》所述恰好相反。未必要因他正好有送宫人入道之诗，便以为《碧城》就是讽刺入道宫主的。

但笺注家总喜欢把义山这类诗解释成是为入道宫人而作。不只这一首，《烧香曲》那一首，冯注也说是咏宫人入道的。诗云：

钿云蟠蟠牙比鱼，孔雀翅尾蛟龙须。漳宫旧样博山炉，楚娇捧笑开芙蕖。八蚕茧绵小分炷，兽焰微红隔云母。白天月泽寒未冰，金虎含秋向东吐。玉珮呵光铜照昏，帘波日暮冲斜门。西来欲上茂陵树，柏梁已失栽桃魂。露庭月井大红气，轻衫薄袖当君意。蜀殿琼人伴夜深，金銮不问残灯事。何当巧吹君怀度，襟灰为土填清露。

此诗屡用帝王典故，漳宫、茂陵、柏梁、蜀殿、金銮等，都可显示烧香的是宫中女子。但此女是否入道，诗里实在看不太出来。因此程梦星注认为是叹杜秋娘流落之事。冯浩以文宗开成年间曾放宫女至寺观安置，而以此为咏宫人入道诗。其实均未必然。

换言之，李商隐对于女冠的描述，不应该只是针对特定的女道士，如宫女入道者，而是较有普遍性的。

对于女冠，他歌咏时常常语涉艳情。天平公座中，年轻的诗人，身居后进卑位，尚不敢公然平视时，所写已甚香艳；《碧城》叙女冠生涯，更直指她颠鸾倒凤，无树不可双栖。其余相类似者尚多，如《圣女祠》：

杳霭逢仙迹，苍茫滞客途。何年归碧落，此路向皇都。消息期青雀，逢迎异紫姑。肠回楚国梦，心断汉宫巫。从骑裁寒竹，行车荫白榆。星娥一去后，月姊更来无。寡鹄迷苍壑，羁凤怨翠梧。惟应碧桃下，方朔是狂夫。

徐逢源笺说："此益知为令狐楚作无疑。楚卒于山南镇，义山往赴之。此北归道中之作。"冯浩、张尔田、叶葱奇大抵均采此说。屈复则谓："一段，祠在皇都路旁，故往来逢之；二段，圣女之神灵；三段，圣女之威仪、仙侣；四段，圣女之孤独，当念我之颠狂也。"

冯依《水经注》等书，指此诗所谓圣女祠即是凤洲两当县附近，《水经注》所记的圣女祠。不知此祠在皇路旁，不在秦冈山。祠名"圣女"者，天底下也绝不止秦冈山上那一座，岂能凿指为某处？何况，纪昀说得对："刺女道士之淫佚，但结句太露，有伤大雅。"此诗形容圣女独居，颇感羁寡。想象她或许在王母娘娘碧桃树下，可以遇到东方朔一类的狂夫罢。语涉调戏，对神祇不甚恭敬。故纪昀认为它是咏女冠，而且就是咏女冠也都还伤雅。像这样的诗怎么可能是为令狐楚作？令狐楚是李商隐的恩人、长辈、老师、长官，作此轻薄语，可乎？再者，《重过圣女祠》说：

白石岩扉碧藓滋，上清沦谪得归迟。一春梦雨常飘瓦，尽日灵风不满旗。萼绿华来无定所，杜兰香去未移时。玉郎会此通仙籍，忆向天阶问紫芝。

作飘渺语，寄窈窕思，益可证《圣女祠》与令狐楚无关。冯浩为了证成两诗均为令狐楚作，竟说此诗全以圣女自况，第七句指希望入朝后仍能与令狐楚之子令狐绹修好，第八句则怀念当年令狐绹帮助李商隐登第。没考虑到前六句若是以圣女自况，第七句玉郎登入仙籍之事就只能是指令狐绹登第，而非李商隐自己登第。且若以圣女自比，自称像萼绿华一样来无定所，固无不可；怎么知道自己离去以后还能像杜兰香般香气不移呢？这分明是自伤沦谪，亦感圣女之栖迟。故三、四句形容圣女神灵仿佛在焉，五、六句说圣女来无定所、去有香在。七、八句言我亦沦谪之仙，时忆天阶，希望于此得见仙女，再通仙籍。

这样的诗，当然可以说它有寄托，但寄托的也就是一般的身世之感，未必能指实为向令狐绹请托或怀念令狐楚。而更值得注意的，是他如何写女真。

他写女仙跟写学仙的女冠一样，都是美艳且不舍情爱的；人与神的关系，也跟男人面对女情人时没什么两样。冯浩等笺注家大概不太能接受他这种态度，所以努力地朝他跟令狐家的关系去诠释。《一片》诗也可以看到这种情况：

一片非烟隔九枝，蓬峦仙仗俨云旗。天泉水暖龙吟细，露畹春多风舞迟。榆荚散来星斗转，桂花寻去月轮移。人间桑海朝朝变，莫遣佳期更后期。

从辞意上看，这是希望佳期不要延误的诗。佳期的对象，显然也是一位女道士。可是冯浩偏要说它："愚谓总望令狐身居内职，日侍龙光，而肯垂念故知，急为援手。"本来，我国诗中，美人香草均可以寄托说之，如此解诗也不能算错。但怎知一定不是情诗呢？如此解诗，"佳期"二字反无着落。盖冯浩横梗一李商隐与令狐楚家恩怨纠葛之见，故凡此类情语均强以令狐事说之，故终不免支绌难周也。

其实冯浩已注意到了李商隐述道姑事多涉艳情。解《河阳》诗时，冯浩曾说："统观前后诸诗，似其艳情有二，一为柳枝而发，一为学仙玉阳时所欢而发……《燕台》《河阳》《河内》诸篇，多言湘江，又多引仙事，似昔学仙时所欢者，今在湘潭之地，而后又不知何往也。"直指李商隐在学仙时曾与道姑相恋。但此乃一时之情事，涉及的只有《河阳》等几首诗。

另外在注解《送从翁从东川弘农尚书幕》时，冯浩则进一步说："诗叙隐居学仙，而所引多女仙。凡集中叙学仙事，皆可参悟。"显然已暗示读者可循此通则去读李商隐所有关于女道士的诗，可惜他自己却未于此发挥，实在是失之眉睫。

李商隐《送从翁从东川弘农尚书幕》说自己"早忝诸孙末，俱从小隐招"，曾跟杨汝士家族晚辈一起去山中隐居。其隐居生活则是：

“心悬紫云阁，梦断赤城标。素女悲清瑟，秦娥弄玉箫。山连玄圃近，水接绛河遥。”素女秦娥的典故，也指明了学仙时颇与女道士来往。

李商隐早年所来往者多习道，此诗所送之从翁（即其叔祖）即为其中之一。另一首《郑州献从叔舍人褒》亦云：“蓬岛烟霞阆苑钟，三官笺奏附金龙。茅君奕世仙曹贵，许掾全家道气浓。绛简尚参黄纸案，丹炉犹用紫泥封。不知他日华阳洞，许上经楼第几重。”此君“全家道气浓”，又是义山亲族，可以猜想义山家族必也与道教甚有渊源。义山早年入玉阳王屋学道，殆亦与此渊源有关。

玉阳，在河南济源县西三十里，东玉阳山。义山曾在该地学仙，来往于玉阳、王屋、终南山之间。据《安平公诗》说：“丈人博陵王名家，怜我总角称才华。……明朝骑马出城外，送我习业南山阿。”似乎义山习业南山乃是崔戎送他去的。所谓习业，就是学仙，故《李肱所遗画松诗书两纸得四十一韵》说：“忆昔谢四骑，学仙玉阳东。……口咏玄云歌，手把金芙蓉。”（玄云歌，见《汉武内传》，谓西王母命侍女安法婴歌《玄云之曲》）

义山学仙，大概是颇为投入的；对道家登真之说，也不乏体会。他后来所作《戊辰会静中出贻同志二十韵》说：

> 大道谅无外，会越自登真。丹元子何索，在己莫问邻。蒨璨玉琳华，翱翔九真君。戏掷万里火，聊召六甲旬。瑶简被灵诰，持符开七门。金铃摄群魔，绛节何兟兟。吟弄东海若，笑倚扶桑春。三山诚迥视，九州扬一尘。我本玄元胤，禀华由上

津。中迷鬼道乐，沉为下土民。托质属太阴，炼形复为人。誓将覆宫泽，安此真与神。龟山有慰荐，南真为弥纶。玉管会玄圃，火枣承天姻。科车遏故气，侍香传灵氛。飘飖被青霓，婀娜佩紫纹。林洞何其微，下仙不与群。丹泥因未控，万劫犹逡巡。荆芜既已薙，舟壑永无湮。相期保妙命，腾景侍帝宸。

由诗中可以看出义山对道教登真之说极为了解，且以此与同志互勉互勖。这种口吻，还可见诸《玄微先生》《寓怀》等诗。

韩愈《谁氏子》诗曾批评当时学仙者："非痴非狂谁氏子？去入王屋称道士……或云欲学吹凤笙，所慕灵妃媲萧史。"意谓学道的人其实都是为了交女朋友。这大概是一时风气，但义山其实并不如此。他不是为追求灵妃而去学仙的。他给学仙同志及同道玄微先生等人的诗，就可以证明这一点。

但其述学仙事，为何多用女仙典故呢？

我认为这有两个原因。一是道派的缘故。因为义山所修习者，乃是上清道，奉《黄庭经》《登真隐诀》一类经典。而上清与女真的关系又最为密切。其创教祖师魏华存就是女师。其信仰的女仙真也很多，详细情形，可见《真诰》之记录。义山诗中述及的女仙真，也都属于这个系统。也就是说，其诗叙学仙时多涉女仙故事，有其道派因素。

第二个原因，是他实际学仙时多与女冠相习相处。上清既信奉女真，女性入道学仙当然也就获得了鼓励和正当性。义山在玉阳王屋学道时，同学中便颇多女性。冯浩笺《戊辰会静中出贻同志二十韵》说义山述学仙，“所用已皆女仙，盖学仙时多与女冠相习，唐时风尚如此耳”，确实讲对了。义山有《赠华阳宋真人兼寄清都刘先生》《月夜重寄宋华阳姐妹》等诗，其所指宋华阳姐妹，可能就是义山早年学仙时已认识的女冠。《赠华阳宋真人兼寄清都刘先生》云：

> 沦谪千年别帝宸，至今犹识蕊珠人。但惊茅许多玄分，不记刘卢是世亲。玉检赐书迷凤篆，金华归驾冷龙鳞。不因杖屦逢周史，徐甲何曾有此身？

虽华阳在陕西，玉阳在怀州河内，但宋真人早年也可能曾在玉阳学仙。因为依冯浩考证，刘先生或为道士刘从政，题曰“清都”，必曾居王屋山。可见送诗给华阳宋真人，而兼寄刘道士，应该就是因彼此俱为旧交之故。宋真人，朱鹤龄认为是女道士，程梦星认为是男道士。然华阳乃女道士观，宋真人自是女冠无疑。第一、二句说自己久离修道生涯，但如今仍识得你们这些上清宫里的人。三、四说我只惊羡你们多有道缘，却往往忽略了你们还是亲戚。五、六句云修道生活。七、八句谓我若非逢着刘先生你们，早已成为枯骨了。《月夜重寄宋华阳姐妹》则说：

> 偷桃窃药事难兼，十二城中锁彩蟾。
> 应共三英同夜赏，玉楼仍是水精帘。

冯浩注云："偷桃是男，窃药是女，昔同赏月，今则相离。"认为义山与两姐妹既是旧识，又可能有艳情。大概前诗兼寄刘先生，故出语较为端庄；此诗只送两姐妹，说话就比较恣情了。

偷桃，犹如《圣女祠》所谓："惟应碧桃下，方朔是狂夫。"神女生涯，小姑独处。女道士既像嫦娥窃药般，追求长生了，便不能同时也想圆满爱情，与狂夫去偷情。故居住在十二城中的女真，也与锁在月宫的彩蟾一样。

像这样的诗，不但可以证明他少年学道时即多与女冠相习处，更可以让我们理解他诗中另一个多述女仙事的原因。

义山学过道，对道家修真之举也颇有认同，在世途漂泊之际，更是经常希望回返那条超越俗尘之路。他屡称自己沦谪，冀欲归去，均表现此一心境。《东还》所称"自有仙才自不知，十年长梦采华芝。秋风动地黄云暮，归去嵩阳寻旧师"，《七月廿九日崇让宅宴作》所云"悠扬归梦惟灯见，濩落生涯独酒知。岂到白头长只尔，嵩阳松雪有心期"，讲的都是这种心境。

义山之所以有此心境，也肇因于他除了奔走世途之外，另有一种超越性的追求。

他在《安定城楼》一诗中曾说道："迢递高城百尺楼，绿杨枝外尽汀洲。贾生年少虚垂涕，王粲春来更远游。永忆江湖归白发，欲回天地入扁舟。不知腐鼠成滋味，猜意鹓雏竟未休。"此非一时愤激之词，而是深有感慨之语，因为他虽如世路奔竞之士一样，企望创造功业，斡旋天地；但他内心却是超越的，期许自己能如范蠡般泛五湖而去。永忆江湖，即如“岂到白头长只尔，嵩阳松雪有心期”。表示他拥有一般人所不能理解的另一种追求。

学仙、求道，就是这种追求的一种表现。他亲族颇与道教有渊源，杨汝士又支持他去学道，当然更强化了他在这方面的追求。对道士们之生活，如《玄微先生》诗：“仙翁无定数，时入一壶藏。夜夜桂露湿，村村桃水香。醉中抛浩劫，宿处起神光。药裹丹山凤，棋函白石郎。弄河移砥柱，吞日倚扶桑。龙竹裁轻策，鲛绡熨下裳。树栽嗤汉帝，桥板笑秦王。径欲随关令，龙沙万里强。”他也未尝不深致向往。对于早年同学，如永道士，他更颇觉羡慕，故《寄永道士》云：“共上云山独下迟，阳台白道细如丝。君今并倚三珠树，不记人间落叶时。”

道士们是学仙的，神仙世界超越人世情爱纠葛，也不受时间的驱迫，因此相对于“人间桑海朝朝变”，神仙世界的清静永恒，对他深具吸引力。《寓怀》就曾表述他这种期望过着神仙生活的怀抱：

> 彩鸾餐颢气，威凤入卿云。长养三清境，追随五帝君。烟波遗汲汲，矰缴任云云。下界围黄道，前程合紫氛。金书惟是见，玉管不胜闻。草为回生种，香缘却死熏。海明三岛见，天迥九江分。骞树无劳援，神禾岂用耘。斗龙风结阵，恼鹤露成文。汉殿霜何早，秦宫日易曛。星机抛密绪，月杵散灵芬。阳乌西南下，相思不及群。

他希望能在这情境中，既“烟波遗汲汲，矰缴任云云”，摆脱人世之利害与经营；又“汉殿霜何早，秦宫日易曛”，超越人世时间的促迫，讲得再明白不过了。

此种心情，历来笺注者却总不能体会，老是把义山想成是一个陷在利欲胶漆盆中的人，为了仕途得丧而干谒求乞。如冯浩注《寓怀》这样的诗就说：“此明为子直作也。”不知此乃自述心境，非求情于人。所谓“阳乌西南下，相思不及群”，即指在夕阳西下时群鸟归巢，自己的巢、自己的归宿，却是与其他鸟不同的，此是孤往独寻之境，岂为思慕令狐绹之语？

要知道，李商隐正是有此孤往独寻、超越世俗之心，所以才会屡屡表达对隐居求道者的羡慕。《题道靖院，院在中条山，故王颜中丞所置，虢州刺史舍官居此，今写真存焉》说“自怜筑室灵山下，徒望朝岚与夕曛”，《题郑大有隐居》说“结构何峰是，喧闲此地分”，《访隐者不遇》说“城郭休过识者稀，哀猿啼处有柴扉”，都是这种心情或态度。

因为有这种超越性追求的心态，义山会对道教修真学仙的生活深感向往，是十分自然的。然而，道教不死成仙的理想，对他来说，却终究又不能无所疑惑。他有一首给同学道士彭参寥的诗说：

莫羡仙家有上真，仙家暂谪亦千春。
月中桂树高多少，试问西河斫树人。

冯注云此诗“亦未第之感”，殊为不然。此诗寄同学道士，与科第何干？诗意是说道士是要学仙的，但纵使修到神仙，偶遭贬谪，仍不免于沉沦，像吴刚被罚去月中伐桂那样。以此向老同学委婉表明我为何不能坚持继续学道修真，如你一般成为道士；因为我对神仙世界仍有疑虑，故不敢以之为人生最后的归宿。

这种态度，有点像李贺。李贺是梦到奉诏上天撰《白玉楼记》而卒的，但平生亦“自有仙才自不知”，对神仙仍不免于死亡，深表困惑与悼伤。如《浩歌》云“南风吹山做平地，帝遣天吴移海水。王母桃花千遍红，彭祖巫咸几回死”，《苦昼行》云：“飞光飞光，劝尔一杯酒，吾不识青天高黄地厚，唯见月寒日暖来煎人寿。食熊则肥，食蛙则瘦。神君何在？太乙何有？”后一首说神仙不能使人不死，前一首说神仙自己不能不死。

李商隐对修真登仙之说也有同样的困惑。他曾因人生促迫、世俗纠缭，而对道教提供的超越世界深感向往，认为那里才能安顿自己的灵魂。可是，修道成仙真能超越命限吗？说到底，义山就不免怀疑了。《汉宫诗》云：“通灵夜醮达清晨，承露盘晞甲帐春。王母不来方朔去，更须重见李夫人。”讲的就是这种怀疑。汉武求仙，西王母会来降真，东方朔也乘龙飞去，看来神仙之事并非虚妄。但武帝毕竟死了，毕竟仍要去地下与李夫人相会。然则神仙可求说，其效安在？

《华岳下题西王母庙》更说：“神仙有分岂关情？八马虚追落日行。莫恨名姬中夜没，君王犹自不长生。”亦呼应此诗，谓求仙甚为无谓。

其他如《瑶池》云："瑶池阿母绮窗开，黄竹歌声动地哀。八骏日行三万里，穆王何事不重来？"《赠白道者》云："十二楼前再拜辞，灵风正满碧桃枝。壶中若是有天地，又向壶中伤别离。"《槿花二首之一》云："三清与仙岛，何事亦离群？"《丹邱》云："青女丁宁结夜霜，羲和辛苦送朝阳。丹丘万里无消息，几对梧桐忆凤凰。"皆是如此。

丹邱乃不死之乡，王母亦曾许周穆王以不死，而终究是穆王已逝，日月继续升沉，人犹在死亡的阴影中。

死亡又是离别的一种方式。依李商隐对人生的理解，人生最大的悲哀就是离别，如《杜工部蜀中离席》所谓："人生何处不离群。"离别包括生离与死别。生离者，人间情爱绸缪，俱不可恃；死别者，时光流转，乃益可伤。义山集中，伤春意象特多，即缘于此种忧生之嗟也。如"天荒地变心虽折，若比伤春意未多"（《曲江》）、"曾苦伤春不忍听，凤城何处有花枝"（《流莺》）、"我意殊春意，先春已断肠"（《春风》）、"年华无一事，只是自伤春"（《清河》）、"我为伤春心自醉"（《寄恼韩同年》）、"君问伤春句，千辞不可删"（《朱槿花二首》）、"刻意伤春复伤别"（《赠杜司勋》）、"对泣春天类楚囚""地下伤春亦白头"（《与同年李定言曲水闲话戏作》）、"通谷阳林不见人，我来遗恨古时春"（《涉洛川》）等皆是。

要令春不必伤、人不须别，唯有修道求仙。可是，修道求仙又真能不死不离吗？义山这些诗，充分表达了他的疑惑。

既追求神仙超越世界，欲以此寄托生命，纾解忧生之苦，而又不能真正信仰修道成仙之境，不能真正去当一名道士、做隐遁者，如他同学彭参寥一般，正是李商隐性格上最大的困顿。他曾自称“中路因循我所长”，其所以因循依违于两者之间，实是因其内在尚有疑惑未解之故。

而此种态度，恰好又与他对爱情的态度相同。

李商隐无疑是热烈向往爱情的。这一点无须论证，每位笺释义山诗的人都能理会。但义山真相信爱情吗？恐怕未必！《青陵台》有云：“青陵台畔日光斜，万古贞魂倚暮霞。莫讶韩凭为蛱蝶，等闲飞上别枝花。”青陵台，乃万古爱情坚贞之象征。韩凭夫妇死后化为蝴蝶，令后人咨嗟不已。但此一贞洁之蝴蝶，随随便便就会飞上别的花朵，可见爱情终不可恃。

既向往爱情又不能真正相信爱情，跟他向往隐居学道，又不能真正相信学道成仙，在心理层面上是同构的。这使得他述仙道事，往往以女冠女真为说。

因女真多涉爱情故事，亦比男道士更易引生遐想，如萼绿华、杜兰香之类。何况，女性既为男人情爱的对象，又被认为其生命就是在追求爱情之圆成。是以修道而又未必真能成道之女冠，也往往是在爱情上既热切投入，又不坚贞自持的。《碧城三首》所述，即是如此。《圣女祠》也是如此，诗云：

松篁台殿蕙香帏，龙护瑶窗凤掩扉。无质易迷三里雾，不寒长着五铢衣。人间定有崔罗什，天上应无刘武威。寄问钗头双白燕，每朝珠馆几时归？

此诗批评女道士虽穿着上清五铢衣，其实全无实质，另在人间觅崔罗什般的情郎，且处处寄情，几乎冶游忘归。这类女冠对爱情的处理方式，也是李商隐怀疑修真求道生活的原因，益发令他对修真求道能否作为生命之归宿，感到困惑了。

义山晚年，转而奉佛，这也是个重要的观察线索。四十年前，我曾作《李商隐与佛教》讨论他学佛的原因。基本观点与本文相同，只是在说明李商隐既是“岂到白头长只尔，松阳嵩雪有心期”，晚年却转而奉佛时，说其实义山与佛教也是早有渊源且一直保持关系的。现在这篇文章，则是要更进一步解释他晚年毕竟仍以佛教为归宿的原因。同时，对义山诗中多涉女道士之现象，也提出一个新解释。

诗心深杳，再加上佳人锦瑟、神仙飘渺，读本文者，亦能有诗心道情乎？

李白、杜甫在唐人选的诗集中排不进前五名

南北朝对峙的局面，到了隋朝，出现结构性的改变，南北一统。接着又是唐朝代兴，国势声威一振。

因此谈文学史的人，讲到隋唐也是精神大振，脑袋充了血，便胡言乱语了起来。或说唐代是我国诗歌的黄金时代啦，或说会有如此辉煌之时代，乃是因有诗赋取士之科举制度、有繁盛的中外文化交流、有帝王之提倡啦，等等。

这些文学史论述上的陈腔烂调，辩起来可也真费事。因为纠缭错乱不堪，一一订正，必然支离牵扯，越说越不清楚，故顶好的办法就是一概不予相信。反正错误的言论，本来就没必要一一弄清楚它们为何错误。何况，其谬误大抵由于缺乏常识，实在不值一辩。

例如唐代在政治军事上是否真属盛世，本就是个大疑问。唐初高祖、太宗都曾向突厥称臣。后来虽报了一箭之仇，打败过突厥，但从隋朝起，用兵于高丽，就累世不能定，直拖到高宗朝，仍只是

勉强了结其事而已。后人杜撰出个薛仁贵征东故事，不过聊表阿Q精神，自我安慰而已。其后就是武后代唐，李家天下几乎中断。玄宗中兴后，随即便发生了安史之乱，中原又几乎易主。平乱，靠的还是胡人的力量，其后却留下了藩镇之乱的祸根，直到唐朝灭亡。对外，败于大食，困于吐蕃；对内，藩镇、宦官、胡人力量更相牵制，这个王朝还能说是盛世吗？更莫说尚有黄巢等“民乱”了。读史的人，看唐史，首先要打破的就是这个“大唐盛世”的迷思。

其次，就算隋唐真是四夷宾服、政治清明的盛世，所谓“万国衣冠拜冕旒”，那又与文学何干？政治上的盛世就等于文学上的盛世吗？

过去的人，老是搞不清楚政治与文学的分际，以王朝史为文学史的框架，现在我们可不能也犯胡涂。清朝赵翼便说过“国家不幸诗家幸，赋到沧桑句便工”，一个动乱的时代，也许比太平盛世更容易激发文人创作之情，也有更多题材可写，写乱世又远比太平盛世易于动人。因此政局衰乱虽未必即足以成就文学之盛，太平盛世恐亦未必为文学之福，故朱熹说：“大率文章盛则国家却衰。如唐贞观、开元都无文章，及韩昌黎、柳河东以文显，而唐之治已不如前矣。”（《语类》一三九）

贯华堂本《水浒》第一回道：“那时天下尽皆太平，四方无事……且住！若真个太平无事，今日开书演义，又说些什么？”黄宗羲《谢皋羽年谱游录注序》说：“夫文章，天地之元气也。元气之在平时，昆仑旁薄，和声顺气，发自廊庙，而鬯浃于幽遐，无所见奇。逮夫厄运危时，天地闭塞，元气鼓荡而出，拥勇郁遏，坌愤激讦，而后至文生焉。故文章之盛，莫盛于宋亡之日。”讲的也都是这个道理。

当然，这类讲法也是偏激的。许多衰世，如五胡乱华、五代十国时期都没出现什么伟大的文学。但这类事例正可以让我们知道文学发展与时代治乱实在没什么关系，想以唐代政治清明来论证文学繁荣之故，可说完全找错了门。

再者，唐代文学又是否真盛呢？那也与唐代是否真是盛世一样待考。后世论诗，夙有所谓“唐宋之争”，也就是说颇有一批人不喜欢唐诗，认为唐诗肤浅甜熟，而要追求宋诗思力透辟的美感。故唐诗好不好，涉及价值判断，难以遽断。

至于它盛不盛，这就不只是质的问题，而也是量的问题。就量来看，《全唐诗》收诗四万八千首，大约只比乾隆皇帝一个人的诗作略多些，可见宋元明清人作诗实较唐代更为普遍，数量远胜。其中到底有多少佳构，文学史家大抵根本未曾寓目，即开口闭口盛唐盛唐，奉唐诗为尊，不觉可笑吗？

就算隋唐诗赋真的很好，它又与科举考诗赋有何关系？要知道，废九品中正，改为科举制，是在隋朝。科举有许多科，如明经、明法、明字、明算乃至选拔道士都是，而都不以文章取士。

科举考诗赋的只有进士一科。但进士与明经科一样，主要是考经义、策问。《唐六典》卷四“凡进士先帖经，然后试杂文及策”即指此。许多人误以为明经科帖经考经义，进士只试诗赋，实大谬也。且唐初进士亦不考诗赋，考诗赋是天宝末年以后的事。考也不是专考诗赋，乃是在“杂文”部分可能有诗赋罢了。考诗的，也只限于正进士一科，其余均不如此。考试的赋，更与一般赋作不同，多涉经义，完全不是现在一般人想象的那样。

即便诗赋所占分量这么少，社会舆论依然批评甚多，文宗太和七年（833）礼部即奏罢诗赋。后来宋神宗时正式废明经，仅存进士，可是进士不考诗文，只试经义，等于实质上的明经。这样的政策，便是唐代反对进士考诗赋思想的延续。

因此，若问唐代文学是否因科举以诗赋取士故盛，那当然不是。再从考试和文学的大关系说，那就更不相干了。考试考文章，元明清的八股制义，比唐代进士加考诗赋更典型，文学与取士制度是完全结合的。但我们能说因此便造就了元明清的文学盛世吗？

至于说唐代文学之盛，得益于中外文化交流。这从大环境说，固然如此，多元文化激荡交流，有助于一个社会的文化发展。但它与文学也没什么直接的关联，研究唐代文学，几乎可以完全不谈当时的中外文化交流。

怎么说？今所谓唐代的中外文化交流，讲的其实是中亚印度文化因素注入的部分。我们相信唐代正因注入了这些，才显得丰富多彩。社会或许确是这样，但文学的状况却非如此。

例如从唐朝跟中亚的交流看，三夷教（即景教、祆教、摩尼教）流行于中土，无疑是极重要的事，而研究文学史，对此一无所知，却无太大遗憾。胡人迁徙入唐，以波斯人与粟特族人为最重要，规模亦极大，可是在文学上也没什么可谈，无甚重要性。

这是因当时整个中亚乃至印度均无文学可供唐人取鉴。文化的其他方面，如食、衣、住、行、歌、舞、戏、乐各领域，胡风虽多渍润，在文学上却实在无交流与影响可说。纵有影响，也是曲折或间接的。犹如花的土壤里增添了新的养分，花可能长得更好些，但花的品种或它会开成什么样，则无改变。

若一定要谈交流史，那么，该注意的也不是接受面，而是供给面；方向亦非中亚西亚印度，而是东方的日本朝鲜。唐代文学对日韩的输出，或日韩文人来华之交流活动，远比西面的胡人胡风入华更为重要。

以上谈的是政治、社会、制度、环境方面的问题，再就文学内部看。论唐代文学的书，几乎都以初、盛、中、晚来分期。这么分，始于南宋严羽，定型于明代高棅《唐诗品汇》。初唐指太宗、高宗、武后诸朝；盛唐指玄宗开元、天宝时期；中唐指大历、贞元、元和之际；晚唐指文宗开成以后。

这原本是对诗的分期，但一般也用来做整个唐代文学的论叙架构。可惜此等架构仍不脱政治与文学相混的毛病，把朝代史的历程当成了文学史的期程。同时，初唐之“初”，长达百年，竟占唐代三分之一。“盛”唐沾着个盛字，看起来好像也比“中”唐盛得多。这都是此说易滋误解之处。

论唐代文学，还有一个误区，就是受古文史观的影响。论唐代，除了讲讲唐诗之外，就只叙述古文运动。殊不知古文运动在当时是反主流的，主流乃是“骈四俪六，锦心绣口”的骈文。

故从数量说，古文远不及骈文多（事实上唐代骈文也远比汉魏南北朝多，即使跟宋元明清比也无逊色。两汉辞赋今存百一十篇，魏晋南北朝辞赋今存一千两百余篇，宋赋今也存一千两百余篇，金代存四十多篇，元代存五百余篇，而唐代辞赋存者便达一千七百余篇，可见其多）。再从品质上看，清代王芑孙《读赋卮言》曾说："诗莫盛于唐，赋亦莫盛于唐。总魏、晋、宋、齐、周、陈、隋之众轨，启宋、元、明三代之支流，踵武姬汉，蔚然翔跃，百体争妍，昌盛盈矣。"说赋莫盛于唐，就跟说诗莫盛于唐一样，是有争论的。但辞赋之不应漠视，却由此可见。

最后，我要再谈谈"诗莫盛于唐"的问题。

唐诗，目前在我国文学史上地位绝高，视之为黄金高峰期。盛唐尤为盛中之盛。一谈起盛唐，各册文学史著作无不颂赞不已，高谈诗仙、诗圣、诗佛以及田园、边塞二派。很少人会去反思盛唐这样的形象是怎么来的，它又是不是已"画歪了脸谱"？而我们更应如何借由诠释史的还原，去穿过历史的迷雾，重寻盛唐之风貌？

唐人所选唐诗，今存十三种。《翰林学士集》《珠英集》《御览诗》都没收开元、天宝时期诗。

《搜玉小集》大约仅收了崔颢《古意》一首。

《玉台后集》所收全是宫体乐府艳诗，于盛唐亦仅有祖咏《秋怨》、崔颢《王家小妇》等入选。

《丹阳集》则是个地域人士的选本，只录吴人。所载除储光羲外，如申堂构、张晕等，固然为开元间人，但恐怕一般论盛唐诗者也都不可能会提到他们。

《箧中集》意存矫世，所收七人（沈千运、于逖、王季友、孟云卿、张彪、赵微明、元季川），名望既不显于当时，也同样不显于后世。

这样七折八扣下来，剩余可见“盛唐诗风”者实极有限。而《河岳英灵集》收王昌龄十六首最多，其次为常建、王维十五首、李颀十四首。其中，王维诗，无一首后世认为的山水名篇入选。岑参诗七首，也没有一首是边塞诗。

《国秀集》收王维、孟浩然七首，崔国辅六首，王昌龄五首，李颀四首，祖咏、王之涣二首，高适、常建各一首。李、杜、岑参均未获选。王维诗亦仅《初至山中》一首为山水诗。

《中兴间气集》于王、孟、李、杜、高、岑，则一概不收。

《极玄集》收了王维三首、祖咏四首，其余盛唐诗人皆不入录。王维三首则为《送晁监归日本》《送丘为》《观猎》。

《又玄集》最特别，因为只有它收了杜甫七首诗。另有李白四首、王维四首、常建二首、王昌龄一首、高适一首、岑参《终南山》一首。

《才调集》录李白二十八首，王维、孟浩然二首，岑参四首，王昌龄五首，高适二首，祖咏、常建一首。是选李白诗最多的本子。但跟晚唐的李商隐四十首、温庭筠六十一首、韦庄六十三首比起来，仍然瞠乎其后。

可见唐人对所谓盛唐诗之成就，并不推崇；对李、杜、王、孟也不特别尊仰；王维为山水诗人、岑参为边塞诗人之类标签，更没有印象。或许他们根本也不觉得开元、天宝是诗歌的盛世。我们现在视为盛唐代表性诗人的李白、杜甫、岑参、高适，在唐人选的唐诗集中均排不进前五名。《河岳英灵集》不录杜甫，《中兴间气集》不录李白，《极玄集》不录李、杜。王维、孟浩然的境遇好些，但也非前两名的大诗人。这是就诗人说。

就时代说。元结对盛唐的不满，前文已介绍过，白居易在谈到唐代诗风时也说："唐兴二百年，其间诗人不可胜数。……又诗之豪者，世称李杜之作，才矣奇矣，人不逮矣，索其风雅比兴，十无一焉。"（《与元九书》）后人推崇唐诗、鄙夷宋诗，理由往往是说宋诗缺乏风雅比兴，可是依白居易之见，盛唐才缺少这个特质。

宋人本来论唐，也未曾专意于盛唐，大抵只是泛说作诗应学唐人，或举一二名家，如杜甫、韩愈、李商隐、白居易为典范。严羽才开始为反对时人之学江西与晚唐而标举盛唐。此后盛唐成为一个招牌，许多人宣称他们的产品即属于这个品牌，但彼此所说的盛唐并不是同一桩事。

严羽以妙悟和兴趣论盛唐，谓"盛唐诸公唯在兴趣""孟襄阳学力下韩退之远甚，而其诗独出退之上者，一味妙悟而已"。以此反对"近代诸公乃作奇特解会，遂以文字为诗、以才学为诗、以议论为诗"。

可见盛唐体之提出，以及对盛唐体之界定，乃是相对于晚唐体和元祐体、江西体而来的。严羽为了要反对他所认为的晚唐诗与宋诗，才从妙悟这个角度去把握盛唐，以致李杜皆如羚羊挂角、香象渡河，孟浩然则一味妙悟。

他确立盛唐体的态度，完全被明朝高棅所继承。高棅《唐诗品汇》一书后来又被复古派宗法，李攀龙且依此而编《古今诗删》。但高书所选盛唐诗仅占30%，李书所载唐诗虽全由高书摘出，盛唐诗却占了60%，可说是比高氏更进一步提高了盛唐的地位。后人概括明代复古派的文论，说他们是“文必秦汉，诗必盛唐”。这诗宗盛唐的态度，正可由其选本中看出。

但明代复古派说诗必盛唐，其所谓盛唐，究竟是指什么？是跟严羽一样的“兴趣”“妙悟”吗？

明代复古派最重视的盛唐诗体是七律，而所学习的盛唐典范，主要是杜甫与李颀。特征之一是格局阔大，百年万里、三山二水、九天万国、南川西岭；二是多为意象景物，非说理议论叙事语；三则都有一种声调之美，念起来好听，且有一种类似的音腔。

他们强调的音乐性，是严羽未谈到的。严羽所指盛唐诸公，也无李颀。而且，以王维、岑参、高适、李颀为典范的盛唐风格，也非后人所说的王孟山水、高岑边塞之类，而是以《早朝》一类诗为基准的，典重高华。

复古派这种盛唐诗观，在明末受到不少挑战。公安派、钱谦益、黄宗羲、吴之振等提倡宋诗，冯舒冯班兄弟、吴乔等人则推崇晚唐，盛唐的正宗典范光环均不免减色。

重振盛唐声威，并为盛唐重新定义的，是王渔洋。渔洋所编《唐贤三昧集》于唐贤中专注盛唐。所收四十三人、诗四百三十二首，王维即占一百十一首、孟浩然四十八首、李颀四十二首、岑参三十六首、王昌龄二十九首，五人共占二百六十六首，超过一半以上。

推尊盛唐，更甚于李攀龙。

但他对盛唐风格的认识，却不同于明代复古派，不取高华壮丽，而强调神韵。批评明人所见非真盛唐，仅得其肤廓与空腔，而祈向宗旨则在平淡，故大选王维、孟浩然这类诗以为样本。

渔洋之后，唐宋之争，纷扰不休。到清末，同光体则是以“宋人皆推本唐人诗法，力破余地耳”为说，而实主宋诗者。盛唐声威光采又黯然了。

胡适、刘大杰之后，盛唐的地位才又得巩固。现在我们一谈到盛唐，就想到那是诗歌的盛世，认为此后诗即越来越衰，宋元明清诗没啥好读；而想到盛唐，就想到李白、杜甫两高峰，王孟山水田园、高岑边塞两大派。这些，都拜诸公之赐。

因此，盛唐有两个，一是历史上的唐代开元天宝，是历史上的唐代某个时期；另一个则是文化意义上的盛唐，这个盛唐，存在于宋元明清人的言说构造中。

文化意义的盛唐，不但塑造了一个颇异于唐代开元、天宝的历史性盛唐，事实上也形塑着宋元明清的文化。这个盛唐，存活于宋元明清实际的人文活动中。在那些时代，人们说盛唐是什么，往往也就是在讲他们的诗是什么（如李攀龙、王渔洋）。为了争盛唐的地位，诗人们是会攘臂相向，“几欲拼命与争”的。

但言说构造的盛唐，未必有足够的历史材料来证明它的存在。诠释出来的盛唐，也不断会遭到诠释的挑战。诠释与诠释之间，仍有无数裂缝，可供我们钻缝蹈隙，在瓦解旧有的言说中重新拼凑盛唐乃至整个隋唐文学的图像。

宋诗再想象

晚清时期，宋诗的地位如日中天。波流所及，现今从事古典诗歌创作者，大体上仍以宋诗为其美典，如周弃子先生“持论何曾薄四唐，自于深秀爱陈黄”者是也。

但在诗的研究及俗世声名方面，宋诗就远远不如唐诗吃香了。一般人都有“唐诗是黄金高峰”的印象，不知道大多数诗人更看重宋诗。

这个有趣的对比，在我看，是具有思想史意义的。因为歌颂唐诗、诋毁宋诗的人，如胡适、陆侃如、刘大杰等，正是新文学、新文化的鼓吹者。

经过这一百年之鼓吹、唐诗普及教育，以及因此而形成的学院内部“学术研究传统”，自然对宋诗缺乏关切，其认识也往往可笑。

宋诗的研究，相比唐诗，颇为寂寥，值得参考的研究论著其实也不多。所以当年徐复观先生有一次就感叹说：“今日校阅《宋诗特征试论》稿完毕。其中析论之精、综贯之力，来者不可知，古人与今人，谁能企及于一二乎？为之叹息！”

这是 1980 年 11 月 1 日所记，现可见于《无惭尺布裹头归——徐复观最后日记》中。

这与其说是徐先生的自夸，倒不如说是一种感慨。确实，拿胡云翼《宋诗研究》这类书、刘大杰所代表的观点或教科书上的讲法来比，徐先生这种哀叹确实很有道理。

过去，真在宋诗研究方面有贡献的，如郭绍虞、郑骞，或《全宋诗》的编辑团队，主要还是在文献的处理上，诠释观点则没什么发展。

故徐先生自觉地要“在中国文学批评史中选择若干关键性的题目，写成十篇左右深入而具纲维性的文章”，其中之一即是《宋诗特征试论》。该文正是想突破这种困境，替宋诗的研究勾勒新的地图。

一

当时他所面对的，还有一大批持特殊观点的研究者，认定“作品在作者所处的历史环境里产生，在他生活的现实里生根立脚”，认为宋诗即是反映宋代内忧外患水深火热的情况。

这是“存在决定意识”，拿阶级性与反映论，去找宋诗中反映时代与人民苦难的材料。所以看来看去，都是梅圣俞《田家》《陶者》《田家语》《祭坟贫女》、文同《织妇怨》、唐庚《讯办》、陈后山《田家》一类的。这也是民间疾苦，那也是揭发官府不义，实在偏宕极了。这能显示宋诗的面貌吗?

另有些人则从艺术手法上批评宋诗在“大判断”上未超过唐人，只在“小结裹”上用功。某个意思写得比唐人透彻，某个字眼或句法从唐人处得来，而比唐人工稳，但风格意境或艺术的整个大方向，却寄生于杜甫、韩愈、白居易、贾岛等人身上或落入唐人势力范围，误以“流”为“源”。不知诗应从自然及生活经验中来，错把抄书当作诗。

还有一种则是琐碎的分派流变说，把宋诗分成一个个小流派，这一派学杜甫、那一派学韩愈、另一派学晚唐等等。挑出其中一些主要诗人来观察，并由其分解、结合活动，来获得对宋诗概括的认识。

这些，总体认知就都是错的。

宋诗之不同于唐诗，正在于它的大判断，使得整个宋诗显现了与唐诗截然异趣的两种艺术方向和风格意境。钱锺书早年写《谈艺录》时，劈头就力辩：“诗分唐宋，乃风格性分之殊，非朝代之别”“唐诗多以丰神情韵擅长，宋诗多以筋骨思理见胜……曰唐曰宋特举大概而言，为称谓之便，非曰唐诗必出唐人，宋诗必出宋人也……夫人之禀性，各有偏至，发为声诗，高明者近唐，沉潜者近宋，有不期然而然者……少年才气发扬，遂为唐体；晚节思虑深沉，乃染宋调。”

其次，诟病宋人以“流”为“源”。理论的底子，自是唯物论的通套，主张诗应从生活经验和自然界得来，不应向书本子去求。这固然有它作为一派理论的根据，但问题是：宋人论诗，是否就是以学古为主?

非也！宋人论诗，以治心养气为主，然后才广之以学，学又是为了要悟。学不等于悟，但要学才可能悟。所以楼钥说：“诗非积学不可为，而又非积学所能到。”“当有悟入处，非积学所能到也。”学习书卷，只是下手的功夫之一，怎能忘了他们强调“悟入”之目的，随便就认为宋人是以抄书为诗呢？而“学须穷理养气”，又怎能说宋人即是构句修辞的形式主义?

至于分派流变说，更是问题多多。

此法开自宋末方回之《序罗寿可诗》，该文分宋诗为白体、欧阳修、梅圣俞、苏轼、王安石、江西派、道学、四灵。《书汤西楼诗后》又分昆体之后的宋诗为三宗，临川宗、江西宗、眉山宗，三宗之外，还有道学与四灵。

这些讨论，基本上都如《沧浪诗话·诗体》，是在“作诗正须辨尽诸家体制”的要求下，对诗家风格的分析。故或以时分，如晚唐体；或以人分，如后山体；或以派分，如江西宗派体。其观念，跟我们现在文学批评讲的风格区分，实是截然不同的。

同时，在宋元人的观念中，派，专指江西诗派。四灵、西昆、道学等，也无称为派者。

故宋诗中唯一的派，就是江西。而偏偏“江西”其实是江西诸派的总称，内含二十五派。明清人搞不清楚这一区分，于是四灵、江湖、道学，无不称之为派，派来派去，头绪纷如。

如《四库提要》说“南渡以后，《击壤集》一派参错并行，迁流至于四灵、江湖二派，遂弊极而不复焉”“宋之末年，江西一派与四灵一派合并为江湖派”等等，都是不了解宋代诗人活动情况及宋人诗派之名义，故以明代复社、应社、几社等社局活动及分合状况去想象宋朝。

近人论宋诗，却往往沿用这种误说，如陈延杰《宋诗之派别》分北宋为六派、南宋为五派，梁昆《宋诗派别论》分宋诗为香山、晚唐、西昆、昌黎、荆公、东坡、江西、四灵、江湖、理学、晚宋十一派。台湾成功大学编纂的《全宋诗》即采用了梁昆的分法，而另加“其他”一类。

这样分法是荒谬的。宋朝根本没有这样的诗派间之消长。

江湖诗，以陈起编《江湖诗集》而得名，集中人诗体颇不相类，这些人怎能混为一派？

其中，姜白石“三熏三沐学黄太史”、高翥诗“能参诚斋活法”、刘克庄“兼取东都、南渡江西诸老”，他们都学江西，跟江西派怎么消长对抗？

刘克庄《跋满传卫诗》说“今江湖诗人竞为四灵体”，赵希意《题适安藏拙稿》说“四灵诗，江湖杰作也”。江湖跟四灵又怎么分派？

又，《宋元学案》说：“中兴而后，学道诸公多率于诗，吕居仁、曾吉父、刘彦冲其卓然者。”吕居仁、赵彦卫、王应麟等人都是江西派。而江西宗派中吕本中、徐俯是杨龟山门人，汪革、谢逸、谢道、饶节是荥阳门人，道学与江西能互为消长吗？

可见这样的分派，不仅毫无根据，误会了宋人诗派之意，而且琐碎无当，徒然造成理解上的困难，让人误以为宋诗就是这样一个派一个派地争抗兴衰，而忽略了宋诗的基本课题，找不到它发展的理则。

二

徐复观写《宋诗特征试论》，似乎就是想要改变这种研究方式，摆脱细碎的分解、结合，而企图掌握宋诗之所以为宋诗的基本特质，重构一解释系统。因此，该文实有学术史上重要的意义。

不幸的是，他没成功。他的勾勒，往往失真。

其文第一句："所谓宋诗特征，是在与唐诗相对比之下所提出的问题。宋人几乎没有贬斥过唐诗，并且宋人也没有不学唐诗的。"就大有问题。

他认为"宋代的名家大家，虽好尚取舍以及其归宿各有不同，但很少觉得他们所作的诗应分成与唐诗是两个不同的壁垒"。

可是在宋人看来，他们虽然学《诗经》《楚辞》、六朝、三唐，但宋诗与唐诗之不同，是极为明确的。推崇黄山谷的人，甚至认为由江西诗派所代表的宋诗，根本"自为一家，并不蹈古人町畦"。

他们看不起唐诗，批评唐人"以声律自拘"，或"叶水心诗义理尤过少陵""六言如王介甫、沈存中、黄鲁直之作，流丽似唐人，而巧妙过之"等等，太多了。

正因为北宋末年南宋初的诗学基本态度如此，所以后来才引发了几种趋向。

一是把唐宋分开，但认为各有优点。如陈岩肖《庚溪诗话》说："本朝诗人，与唐世相亢，其所得各不相同，而俱自有妙处。"

二是承认宋诗自立壁垒的价值，但特别强调除了新变，也还有对传统的继承部分。指出山谷等人如何学习转化，运用古人；特别是找出杜甫作为宋诗的远祖。如张耒说山谷一扫古今，直出胸臆，破弃声律，独创一体。胡仔就说老杜已有这种诗体，山谷得法于杜甫，只是山谷又能自出新意罢了。

这样的讲法，意在调和唐宋的壁垒，希望"近时学诗者率宗江西。然殊不知江西本亦学少陵者也。……今少陵之诗，后生少年不复过目……余为是说，盖欲学诗者师少陵而友江西，则两得之矣"。

三是相信杜甫跟宋诗渊源较深，而且杜甫诗根本不能算是唐诗（钱锺书说唐诗宋诗指两种风格，所以唐人可能作宋诗、宋人可能作唐诗，就延续这种看法）。如叶适《习学记言》就说杜甫强作近体，当时为律诗者不服，甚或绝口不道。

第四种趋向则是这种态度的对抗，既不承认宋诗是学唐人而能青出于蓝，又强调唐宋之分，并认为唐胜于宋。从张戒到严羽，逐渐形成了"夫今之言诗者，江西晚唐之交相诋也"的局面。

后来方回才又运用胡仔的办法，融合两派，以江西兼有晚唐之妙而同宗一祖，成了第五种趋向。

至于第六种，是对这种唐宋之辨不耐烦的。如戴复古《有妄论宋唐诗体者》诗说："不用雕锼呕肺肠，词能达意即文章。性情元自无今古，格律何须辨宋唐？”

从这六种趋势来看，宋人何止是自觉地把唐宋分成两个壁垒，其批评或贬斥唐诗的态度更是宋代诗学发展的主要动力。

徐先生之言，不但无一不错，且完全没有认识到宋诗发展时内部的复杂性。

接着，徐先生在第二节《宋诗特征基线的画出者》中指出：在山谷之前，昆体、白体之发展与王安石诗，对宋诗特征的形成，均有影响。

这里，有关王安石在宋诗中地位的说明，确为徐先生之特识，很精彩。不过，他说“昆体支配坛坫凡四十年之久”则误。

西昆起于真宗景德年间，景德三年（1006）编为《西昆酬唱集》，大中祥符二年（1009）即有禁文体浮艳之诏，前后不过三年，就算包括余波，也不可能有四十年的支配力。

谈黄山谷在宋诗中的地位及杜诗的影响时，他说“山谷学杜甫。山谷派下，遂无不以杜为宗极”，亦殊不然。

山谷所学甚博，初不以杜为宗。前面已说过，在早期文献中，从没有人牵合山谷与杜甫，都是说他“包括众作，本以新意”，所以才能成为诗家宗祖。尊杜之风，起于北宋末年；特意指出山谷学杜，所以江西诸派也应学杜的，是胡仔 类人的意见。

原因是当时江西派学诗者已经不看杜甫诗了。像张耒说唐人以声律为诗，山谷才独出胸臆，创出不拘声律之体；胡仔就说：“诗破弃声律，老杜自有此体……文潜不细考老杜诗，便谓此体自吾鲁直始，非也。鲁直诗本得法杜少陵。”《天厨禁脔》说换字对句法，前此未有人作此体，独鲁直变之，胡仔就说：“此体本出于老杜……非独鲁直变之也！”硬替黄山谷找了一个祖宗。

后来这种说法虽日益流行，但反对的声浪也从来没有间断，如张戒、严羽、王若虚，都不认为山谷像杜甫，直到明朝胡应麟还说：“其语未尝有杜也，至古选歌行，绝与杜不类。”

宋代还有些人虽相信山谷是学杜，却认为他的诗并不像杜，是“本于老杜而不为”，不可求之于形名度数者。

徐先生没弄清楚这些曲折，也忘了治史时作为证言的材料，其本身很可能就已带有某些历史诠释在，应该仔细地予以过滤。所以他分析的“山谷怎样学杜”，可说毫无意义。

凡此种种，都可以看出徐先生的解释破绽甚多，并未达成他原先的企图。不过，就问题意识和方法论的自觉来说，徐先生的表现，至少在他那个时代，确实无人能及。

三

他对宋诗的研究，是一种进行艺术风格分析的方法：借着“唐”与“宋”的对比，把宋诗界定为一种艺术风格，然后再尝试着说明这一风格的特征。

他很清楚艺术风格是由一堆特性结合而成的，这些特征会形成一互有关联的特征群集或结构，并带有某种侧重点或连续性，作为各个具体事项的构成原则而出现。因此，具体事项若脱离了这个原则，就面目模糊，无法辨识。

例如哥特式建筑的特征是：尖尖的拱门、高高的拱券、高度倾斜的房顶、细长的柱子、薄薄的墙壁、巨大的有色玻璃等。巴罗克的建筑风格则是幽深、开阔、具有有机规律性和相对清晰性等。这些特征不单独琐碎地存在，而是有一构成原则的统合群集。脱离了这整体构成原则，长柱子、尖拱门便不代表什么意义；光看尖拱门也不能抓住该时期建筑的风格。

换言之，宋诗之所以为宋诗，不只有时间意义；研究宋诗，也不只是在研究“宋代的诗”。宋诗是具有艺术风格学意义的研究物件，所以必须讨论形成这一风格类型的特征是什么，而不能顺着时间，叙述自王禹偁到谢叠山各有些什么诗。

其次，宋诗因其具有某些特征而成就为一种宋诗风格，但并不能说所有的宋朝诗都有宋诗风格。

犹如巴洛克风格的年代和地理分布是在1550年至1750年的欧洲，可是并不是此一时期全部艺术都是巴洛克风格的。不过，在这两百年欧洲文化及其艺术表现中，会有一种最典型、最基本、最独特，又最能解释该时期各种艺术及文化分支的特征。具有此一特征者，我们即称它属于巴洛克风格。

而宋朝诗中，最能显示宋诗之风格特征的，当然是黄山谷所开创的江西诗社宗派。

这就是徐先生想借着前人对江西诗派的描述，看出宋诗的基本风格特征，并考察风格特征形成的原因。

这不能不承认他有过人的识见和方法的自觉。但他毕竟不免于夹缠和误解，亦未抓住宋诗发展的线索和主要问题，原因又在哪儿？

风格特征的描述，可以指向那些能从感觉上直接观察的性质与关系（例如：红色），也可以指向那些具有确切文化含义的性质和关系（如十字架暗示基督教）。特别是后者，托玛斯·门罗（Munro）曾论及：

> 要对艺术品中那些可以观察到的风格进行描述，除了从理论上分析它们的因果关系之外，还要描述它们表达的深层精神含义和基本的心理与情感态度——“时代的精神”。
>
> 暗示出来的理性含义、思想和情感态度本身就可以是艺术作品和风格的必要的组成部分。它们可以成为一种特殊风格的主要特征。风格的概念不应局限于艺术表面的式样或狭义的形式的方面。例如：在文学中，它可以包括表达的思想、信仰和态度（哲学的、宗教的、伦理的、科学的，等等），也包括表达它们的方式。

徐先生显然就是没有触及宋朝的时代精神，所以一方面他所观察的风格特征，仍局限于句法、字眼、格律等形式；二则构成这一形式的因果关系，由内说，是黄山谷个人的创造用心，由外说，是他所分析的六个原因。

但历史情境的构成因素颇为复杂，无论如何累积因果分析，历史情境的意义及其与论述项的关系都是无法充分把握的。

而个人的艺术天才，又是自发的、不受外界影响的，为什么欧阳修、王安石、黄山谷等人会不约而同地走上素朴平淡的风格呢？

第三，素朴平淡，可以用来描述宋诗的风格。然而何以选择素朴平淡？此一美感价值的选择，有无深层的精神含义及心理态度？在美学上，此一选择是否具有理论上的意义？假如这些问题并未获得处理，那当然不是究极之论。

同时，作为一个风格描述语，“素朴平淡”的描述效力是不够的，它只指涉了风格的表现，不能说明形成及展开风格的力量，也不能以“素朴平淡”作为宋朝其他艺术门类、其他文化倾向的整体说明。

这就是为什么我后来使用“知性的反省”一词，来描述宋诗之基本风貌。

四

知性的反省，是我所界定的宋代“时代精神”，为其文化之特质。透过对宋文化的理解，我们才能较准确地掌握宋诗。

这种说法，与一般浮泛地说要了解一个时代的文学应了解该时代的文化是不同的。我不是历史论的批评家，也不是社会文化论的研究者，我的处理，在《江西诗社宗派研究》《诗史本色与妙悟》等书中，自成一论述脉络。这个脉络，大概是这样：

（1）研究宋诗的人，无论他是尊宋还是贬宋，几乎毫不例外地都会采用唐宋对比的方式来讨论宋诗之发展与特质。因此，我们必须晓得“唐”与“宋”代表着两种互相对照的美感风格。唐诗与宋诗，不仅是时代的划分，更有本质上的差异，展现了不同的风格形态。

（2）宋诗这种风格形态，并不是孤立的表现。一方面它显示了宋文化整体的倾向，与文、书、画、理学、史学、经学一样，具有宋文化的基本特质；另一方面，整个宋文化，似乎也可以宋诗的表现为典型，最足以代表宋文化。

（3）这种宋诗和宋文化的特质，我们可以用“知性的反省”的精神来概括。

（4）此一知性反省之精神，是因面对唐代中期所出现的文化变迁使然。中唐的社会文化变迁，甚为剧烈，故思考变迁后的社会应朝什么方向走，在新的文化走向中存在着什么问题，即为中唐以后之宋文化所关切之时代课题。

（5）以诗来说，开创新风格的杜甫、韩愈，就显示了这种变动。而杜甫、韩愈所形成的诗风，以及他们作为“变迁的典型”，对宋朝有极大的影响。但反过来说，宋朝人对这样的典型究竟能不能作为未来的指标，也争论不断。

（6）晚唐五代，姚合、贾岛、许浑等人，代表了另一种典型。这一典型跟杜、韩等人所代表的典型，在宋朝一直在竞争着。但整体说来，是杜韩为主、姚贾为辅。

（7）欧阳修喜韩而不喜杜，黄山谷喜杜而不喜韩。经由北宋时期这些人自觉的努力与价值的选择之后，宋诗的方向大抵即是依中唐所开启的诗风而发展的。

（8）自觉地建立诗风与方向，不仅在做价值的选择，更要处理其中的问题。例如杜韩诗风与汉唐诗歌传统不同，何者较符合诗之“本质”？若二者有所冲突，应如何融合？汉魏三唐的抒情精神，可能产生何种问题？怎样从知性的反省上去解决？主知的创作又会使诗偏于议论说理，应如何使知与感相融？……诸如此类，逐渐形成“法 / 悟”“知 / 感”“赋 / 比兴”的辩证融合理论架构，以及诗之“本色”的讨论等。

（9）此一辩证融合的进路，乃一种超越的处理，讲究“援毫之际、属思之时，以情合于性，以理合于道”，所以是一种技进于道的创作形态。

（10）然而此一创作形态，是由知性的自觉中逐渐省察而得的，所以只是在理论上超越辩证地解决了一切问题或预示了解决的方向。是知道要技进于道，而不是表现为技进于道，所以在创作上仍不免有技有知有法。元明清三朝之诗与诗论，即缘于此一内在困境而继续处理之。

我以为，通过以上这十条提纲，我们才能够说明宋诗之发展理路及其中所包蕴的一切问题，才能明白一种文学体类如何在时代文化中确立本身的价值与地位，才能解释诗与其他各文化体之间内在的关联，才能探讨文化变迁与文学体系中常与变的规律。对宋诗的研究而言，我不以为还有其他的方法或途径比这更为有效。

词史观的典范转移

陈亮（1143—1194，字同甫，号龙川），在近代人的印象中，不甚知名。大家知道的，可能只有毛泽东晚年读到他《念奴娇·登多景楼》词而痛哭流涕的事。

那阕词，慷慨苍凉，确实不错："危楼还望，叹此意、今古几人曾会？鬼设神施，浑认作、天限南疆北界。一水横陈，连冈三面，做出争雄势。六朝何事，只成门户私计？　因笑王谢诸人，登高怀远，也学英雄涕。凭却长江，管不到、河洛腥膻无际。正好长驱，不须反顾，寻取中流誓。小儿破贼，势成宁问强对！"

但从陈亮身上，我们其实还可以读到更多东西。历史观这样大的问题，一个小切入点就可以解决，让我们从陈亮谈起。

宋代的词，在歌诗史上可以和诗比美，或比诗更重要，乃是现代人的观点。

在宋代，词的地位还远不能跟诗比，词要替自己争地位，就只能把自己称为“诗余”，以附其余光。文人创作，对诗极其认真，填词就不免率尔而为，创作量也绝对不能跟诗比。

以陈振孙《直斋书录解题》考之，除了柳永《乐章集》九卷、苏轼《东坡词》二卷、周邦彦《清真词》二卷、贺铸《东山寓声乐府》三卷、万俟雅言《大声集》五卷、康与之《顺庵乐府》五卷、辛弃疾《稼轩词》四卷、徐得之《西园鼓吹》二卷、蔡伯坚《萧闲集》六卷、姜夔《白石集》五卷、严次山《欸乃集》八卷之外，词人词集都只有一卷。

这跟宋代诗人动辄有诗数十卷、数千乃至万首的情况，实在相去邈远。也就是说，宋代文学创作的主要文体，依然是诗而不是词。

可是，每个时代都有不信邪的人，偏要逆时尚而动。这种“独行”之士，可能是疯子、傻子，也可能有超越时代的见识，值得我们重视。

南宋的陈亮，就是词史上这样一位人物。他有四卷词，在整个宋代，排名高居第七位，与辛稼轩并列，算是多产词人。

产量多，是因他对作词有特殊看法。其《阮郎归·重午寿外舅》词下半片说：“红约腕，绿侵衣，愿祝届期颐。花间妙语欲无诗，一年歌一词。”

王叔珩《陈亮政论词选注》对此曾有评论道：“这首词所以重要，是因为其中包含着陈亮的一个文学观点：宋代的五七言格律诗已经没有前途，应该由长短句取而代之。”

的确，陈亮的诗词创作态度，在宋代是十分特殊的。

他的长短句四卷，数量到底是多少？很难说。有人估计应有三百首左右，亦无确证。但今存七十四首，仍比他的诗多得多。

他的诗只有四首，其中且有一半是应制而作，故他《桑泽卿诗集序》曾自谦云：“予平生不能诗，亦莫能识其浅深高下。”

另外，在《复李唐钦书》中则批评当时之诗“韵度不高”“根本不妥贴”。且说：“亮于今世之诗，殊所不解。不解故不好。至于古诗、离骚，盖纸敝而不敢释手。”可见自谦是假，瞧不起当时的诗与诗人，故不愿作诗，转而作词，才是事实。

这种态度真是乖逆时尚了。宁愿作词不愿作诗，在当时多么特殊！

然而，陈亮词之奇特处尚不只在于此。

依上文所述，陈亮是以其主要精力发抒于词的。可是，这样一位专力于词的作家及其作品，在那个时代，偏不受词坛重视，你说奇不奇怪？

现今论陈亮者，大抵均未注意这个现象，可是此一现象实在太奇。宋代论词，风气已盛，寻常名家，都常有人讨论，可陈亮就是乏人评述。

宋代选词，集子也不少，采择甚广，但除了黄昇《中兴词选》收录了他七首作品外，亦罕有征录者，比一些小名家还不如。

是他的词不好吗？不，极好！他在词作上主要的唱和者，是辛稼轩。两人旗鼓相当，故才能相与唱和，稼轩对他也极为推崇。可是，当时评论稼轩者虽多，却仍很少人联类及于陈亮，反倒是常把辛稼轩跟刘改之等人并论，这不是异常奇怪吗？

对这个现象，该如何解释呢？

我经常覃思此一问题，渐发现它可能与词史上的一段风格选择史有关，透过它，竟可以反省到我们自己的词史观。

此话怎讲？

盖吾人对词，现在有个基本文类风格之判定，也就是“词本艳科”。自《花间》《香奁》以降，词原先就只是提供歌儿舞女侑酒清讴的东西，故绮罗香泽、婉约柔靡乃其本色。从西蜀、南唐，到晏殊、秦观、柳永等等，大抵都是在这个传统中发展。就算有些人雅些，有些人俗些，或采用诗语，或运用赋体，也只是在这一大脉络中略见小差异小变化而已。

东坡以后，才出现一种不符此种“本色”的词；词坛由排斥到接受，于是乃有所谓的“豪放”一派，而把从前那些词称为“婉约派”。

词坛从此乃由此二派中分天下。评论词的人，基本上也以这两大风格去衡量词人词作，以致词林几乎不归杨则归墨矣。

对陈亮的词，评价正依违于此两大风格阵营之间。

如毛晋辑《宋六十名家词》时说《龙川集》“读至卷终，不作一妖语媚语”，后来得见黄升所录陈氏词，却颇多绮艳之作，遂怀疑《龙川集》是陈亮儿子陈沆“特表阿翁磊落骨干”，所以把那些绮艳之作都删去了，以致读来“若出二手”。

后来《四库提要》评陈氏词，则依据周密《齐东野语》所载陈氏狎妓事，来解释陈氏词为何会“体杂《香奁》”。此等论议，即是以绮艳视陈亮。与毛晋之欣赏陈亮磊落骨鲠，不作妖媚语，恰好相反。

可是，正如毛晋所发现的：陈亮词可能两种风格都有，只不过观者仅从一偏去看，于是黄升所录，便和陈沆所集若出二手了。

这就是评价视野对于评价对象的歪曲。陈亮活在此一风格论述及评价体系正形成的时代，故遭了毒手。其作品在此一评述体系中难以丈量，归杨归墨，皆不妥当，故其终遂为杨墨两端所弃，不予评骘了。

事实上，词本来就不只是艳科，其道广大，非歌儿舞女之讴所能限。

举例而言，今存唐人词，王梵志《回波乐》七首，宋费衮《梁溪漫志》称其朴而理到，是讲“持心断惑”“性海如如”的。这一类说理词，特别是讲佛教道教的道理，可说自唐迄宋元都是沉沉伙颐。

唐朝释真觉《证道歌》、神会《五更转》三首、释德诚《拨棹歌》三十九首、高骈《步虚词》等均属此。题李卫公作之《兵要望江南》，凡五百二十首，洋洋巨观，尤为说理之大宗。

此作又名《白猿奇书兵法杂占象词》，分占委任、占雨、占风、占斗、占星、占日、占月、占雾、占虹、占鼠、占蜂、占水族、占梦、占怪象、占地、占树、占六壬、占牛马、占厌禳、占飞禽、占蛇、占兽、占气、占云等。

任二北《敦煌曲初探》对此类作品曾有解释说：“所谓《兵要望江南》，与《从军五更转》，或《儒士谒金门》，或《江南三台》《宫中三台》等为一类，乃将题目加于调名上，成为特殊调名。唐人承六朝风气，惯有之。《望江南》至于用作歌诀，便于记忆，其在民间流行普遍之程度，可以想见。”

敦煌《云谣集》杂曲子也多有此类作品，如以《五更转》说太子入山修道赞、太子五更转、南宗赞、一更静坐观刹那，以《归去来》讲出家乐赞、归西方赞；以《十二时》作太子十二时曲、禅门十二时、法体十二时、天下传孝十二时、普功四众依教修行；以《皇帝感》为新集《孝经》十八章、新合《千文》皇帝感辞；以《十恩德》作报慈母篇；以《十种缘》为父母恩重赞……

这些词，在唐人词中，数量实远多于所谓歌儿舞女之词，对后世也颇有影响。故全真教诸子多有词集，内丹南宗一派，乃至佛教亦然。

清沈雄《古今词话》上卷说：“词选中有方外语。芜累与空疏同病，要寓意言外，一如寻常，不别立门户，斯为入情。仲殊、觉范、祖可尚矣。若世所称白玉蟾、丘长春，皆仙家之有词名者。”觉范、白玉蟾等释家仙家所承继的，就是这个传统。

但此一传统所影响者并不只限于方外，凡词中叹世情、感浮生、作通透语者，亦皆出于这个传统。像东坡一些具人生哲理之词，就是承此而来，道学家词亦然。

况周颐《蕙风词话》卷二赞元刘因“是性情语，无道学气”，杨慎《词品》卷二则惜其“有隐士出尘之想，兼如仙客御风之游矣。昔人谓‘诗情不似曲情多’，信然”。那种表性情而兼有仙人遗世性格的词，其实就跟道学词一样，都本于唐代以来这个大脉络，而下开元曲道情、叹世之作。

可是这么庞大且源远流长的一脉，在“婉约／豪放”的框架下，或以婉约为正宗的词史观中却是看不到的。一位在现今词史教育下成长的青年甚或词学研究名家，大抵就根本不会知道有此一脉络。

即使知道了，也会将之排除开去，例如说唐代那些《五更转》《十二时》乃是“俗曲”；宋金释道所作，则为“方外”一派。于是它们就被心安理得地划出词坛领域之外了。词，仿佛也从来就是雅的。

此等态度，并非今人所创。今人的词观，亦是承袭而来。承袭自哪儿呢？就承袭自南宋。

北宋词作，原不只艳情一类。林逋、范仲淹固无论矣，欧阳修《渔家傲》分咏十二月，元欧阳玄拟作，序云：“作十二阕，以道京师两城人物之富、四时节令之华……至于国家之典故、乘舆之兴居，与夫盛代之服食器用、神京之风俗方言，以及四方宾客宦游之况味，山林之士未尝至京师者，欲有所考焉。”可见其性质类似于杂事诗，以刻画地方风物为主，亦非艳情所能限。

但到了李清照《词论》却提出一种观点，说柳永“虽协音律，而词语尘下”；张子野、宋子京、沈唐、元绛等人“时有妙语，而破碎何足名家”；晏元献、欧阳修、苏轼，“学际天人，作为小歌词，直如酌蠡水于大海，然皆句读不葺之诗尔。又往往不协音律”；王安石、曾巩“若作一小歌词，则人必绝倒”，因为“词别是一家”。

换言之，李清照主张词作为一种独立的文类，便应有其风格特征，而此一风格，乃是与诗相区别而显现的。

早期的词，其实跟诗没什么分别，固然也配着乐曲，但词与曲的配合并不严格，作词的人，抒情、记事、说理、状物，无不涉笔。可是李清照认为词第一个特点就是要协律，其次是出语要雅，三须有整体感。故批评晏殊、欧阳修、苏轼等人不协律，指摘柳永词语尘下，说宋子京等人破碎。通过这些要求，她认为才能让词跟诗分开，具有独立的风格特征。

这其中，她尤其重视的是协律，所以说："诗文分平侧，而歌词分五音，又分五声，又分六律，又分清浊轻重。"

南宋人对李清照的人品不无微辞，如王灼《碧鸡漫志》卷二说她"作长短句，能曲折尽人意，轻巧尖新，姿态百出，闾巷荒淫之语，肆意落笔，自古缙绅之家能文妇女，未见如此无顾忌也"。胡仔《苕溪渔隐丛话》卷四说她批评欧阳修等人是"蚍蜉撼大树，可笑不自量"。但整体趋向，却是呼应着她的说法而发展的。李清照之所以重要，原因也在于此，不只是做得几阕好词而已。

据王灼描述，北宋末词风多样，"赵德麟、李方叔皆东坡客……晚年皆荒醉汝颍京洛间，时时出滑稽语"。万俟雅言自己编集子时分为两种："曰雅词，曰侧艳"，后以"侧艳体无赖太甚，削去之"。晁次膺亦兼作侧艳，田不伐则"不闻有侧艳"。又，"长短句中，作滑稽无赖语，起于至和……熙丰、元祐间，兖州张山人以诙谐独步京师……元祐间，王齐叟彦龄……以滑稽语噪河朔。（曹）组潦倒无成，作《红窗迥》及杂曲数百解，闻者绝倒，滑稽无赖之魁也……

其后祖述者益众，嫚戏污贱，古所未有”。

据此，可知北宋词风原不限侧艳，侧艳亦不为世所重，词人或作此体或不作，而滑稽曲词则越来越流行。

针对这种风气，曾慥于绍兴年间编《乐府雅词》即锐意改革，其自序谓：“涉谐谑，则去之，名曰《乐府雅词》。”李清照主张出语要雅，正与之同。

到了沈义父《乐府指迷》，首列“论词四标准”：“音律欲其协，不协则成长短之诗。下字欲其雅，不雅则近乎缠令之体。用字不可太露，露则直突而无深长之味。发意不可太高，高则狂怪而失柔婉之意。”前二者尤其重要，故底下分论字面要采用唐人诗句中字面好而不俗者，说桃、柳、书、泪等均需用代字、押韵、去声、虚字、句中韵、词腔以及“腔以古雅为主”等。

张炎《词源》大体近似，序云：“古之乐章、乐府、乐歌、乐曲，皆出于雅正。”其下论次，首为音谱，谓“词以协律为先”，然后分论拍眼、制曲、句法、字面、虚字等，结论是“词欲雅而正”。

他们的主张虽然与李清照不谋而合，是李清照词观的发展与深化。但他们未必自觉是由李清照来（因为张炎推崇白石，而沈义父标举周邦彦），然而时代风气所染，毕竟与李清照同趋共识了。

而他们的主张又不仅只是宋时的主张。清代词风再盛，浙派词人，家白石而户玉田，乃张炎词论之后劲；常州派，又尊清真而薄姜张，为沈义父主张之流变；《词律》等书，考订谱律，商略四声，更是南宋此类词论的实践者。迄于清末，这种南宋词观依然成为词论者的基本知识。

这种词观，并不推重豪放词，故张炎说稼轩、刘改之等“豪气词，非雅词也”。沈义父说：“近世作词者不晓音律，乃故为豪放不羁之语，遂借东坡、稼轩诸贤自诿。”亦戒市井语，故沈义父谓孙花翁“有好词，亦善运意，但雅正中忽有一两句市井句，可惜”。周邦彦则因“最为知音，且无一点市井气”而备受推崇。

再则就是以言情为主，所以沈义父说：“作词与诗不同，纵是花卉之类，亦需略用情意，或要入闺房之意。”只不过，言情亦须雅正，不可近于淫狎，故曰：“然多流淫艳之语，当自斟酌”；“说情，不可太露”。张炎于此，亦特立《赋情》章，谓：“簸弄风月，陶写性情，词婉于诗。”但赋情又要屏去浮艳，“词欲雅而正，志之所之，一为情所役，则失其雅正之音”。

也就是说词以言情为主，但情又不可淫、不可肆。淫者狎艳，肆者伧俗，皆不雅正。豪气词近于肆，且多非言情，又不协律，故非所尚。

对东坡、稼轩，虽以其名高而不愿做太多的批评，但基本上是甚不以为然的。所以元遗山称道稼轩，张炎说：“遗山极称稼轩词。及观遗山词，深于用事，精于炼句，有风流蕴藉处，不减周秦……初无稼轩豪迈之气。”

可是南宋时北方元遗山等人所流行的词风，其实与李清照、张炎他们颇不相同。清贺裳《皱水轩词筌》说：“元遗山集金人词为《中州乐府集》，颇多深裘大马之风。”这种深裘大马、疏爽劲快的作风，跟南方雅正婉丽之风，恰好形成一种对比。因此况周颐《蕙风词话》卷五说：

> 自六朝以还，文章有南北派之分，乃至书法亦然。姑以词论，金源之于南宋，时代政同，疆域之不同……细审其词，南与北确乎有辨，其故何耶？……南宋佳词能浑，至金源佳词近刚方。宋词深致能入骨，如清真、梦窗是；金词清劲能树骨，如萧闲、遁庵是。南人得江山之秀，北人以冰霜为清。南或失之绮靡，近于雕文刻镂之技。北或失之荒率，无解深裘大马之讥……然而宋金之词不同，固显而易见者也。

南北分立，确如其所述。然其所谓宋金词之不同，其实只是金与南宋的不同。

而所谓金人，其实又多只是北宋被灭后留在北方的宋朝人，所以陈匪石《声执》卷下说："金源词人以吴彦高、蔡伯坚称首，实皆宋人……蔡则疏快平博，雅近东坡。"留在北方的宋朝遗民，继承的，乃是北宋原来即有词风。

故所谓金与南宋之不同，很大一部分，只是词风在南宋雅正化前后的差异。

类似的情形，是南宋被灭后，元朝有一部分词人即原先的南宋人，仍沿袭着南宋词风，于是元代词中就有一派婉媚之作，如陈匪石所云："是名虽属元，实乃南宋余韵，盖草窗、碧山、玉田、山村之所倡导，如张翥、张雨、邵亨贞等皆属此派。在元代词学为南方之一流别。”

金朝这种延续北宋的词风，不仅仍见得着东坡的影响，也有其他。如丘处机等道流的丹道词，便衍唐宋说理词之绪。完颜雍《减字木兰花·赐玄悟玉禅师》、完颜璹《西江月》一百八般佛事、赵秉文《青杏儿》“但教有酒身无事”等亦属此类。

许古《眼儿媚》“持杯笑道，鹅黄似酒，酒似鹅黄”，况周颐说它是“打油腔”，事实上即是王灼所描述的北宋末年滑稽谐谑词风之后劲。

记事之词尤多，如元遗山，况周颐谓：“其赋《隆德故宫》及《宫体八首》《妾薄命》词诸作……此等词，宋名家如辛稼轩固尝有之，而尤不能若是其多也。”这便是唐与北宋旧作风之遗，故与南宋颇有不同。

到元，王恽《秋涧集》百卷，吴梅《词学通论》犹谓其“皆以论事见长”；欧阳玄仿欧阳修《渔家傲》记都城风俗事，亦如前文所述，乃杂事诗之类。

此均可见金元词风颇继承北宋风气，与南宋以雅正为尚者确乎不侔。

但因后世南宋雅词渐渐成为词史上的正宗，金元词风不受重视；北宋词亦受南宋词观之影响，被解释成是上承《花间》之发展，于是《花间》、南唐、周柳以迄南宋姜、张、梦窗一脉，竟成词体正宗。

不符合这个词风的，一大部分被完全排除于视域之外，如那些仿佛杂事诗、说理诗、打油诗的词作；一小部分被描述为是正宗出现后的新变，如所谓苏东坡、辛稼轩的豪放词风。

其实《花间》《香奁》才是词体形过程中较晚出现的类型。北宋词亦不只承继这个类型，所谓的豪放词，更早在东坡以前就多得很了。豪放以外，俚俗的、滑稽的、侧艳的、不侧艳的、讲道理的、记风物的、征事类的，什么都有，情况跟诗没太大不同，甚且比诗还要杂。作词也根本不太讲究协律，不是词从来都讲究音律，到东坡才“横放杰出，自是曲子中缚不住”的。

北宋中，柳永、周邦彦特娴声律，使词朝音律化跨了一大步；北宋末南宋初，李清照再以声律进一步区分诗与词，强调词应协律、应雅、应“别是一家”。

这种区别诗词的态度，寻找每一种文体“本色”为何的做法，大概是北宋末年的一种风气。故稍早于李清照的陈后山，便曾说东坡词“如教坊雷大使之舞，虽极天下之工，要非本色”。晁补之亦曾说：“黄鲁直间作小词，固高妙，然不是当行家语，自是着腔子唱好诗。”

这些批评都是李清照的先声，只不过他们并没有明确说出诗词之辨到底何在、词应以何者为当行本色。李清照以后，南宋词坛如张炎、沈义父等人所做的工作，便是针对这一点去强化说明，以建立词这个文体的本色正宗及其谱系。

我们若联想一下理学道学家的道统正宗谱系是怎么在北宋到南宋这段时间形成的，对词史上这一段正宗本色形塑史大概也就不会感到突兀。

正统论，在宋代思想史上，是弥漫于许多领域的总体思潮，政治上固然讲正统论，由欧阳修、司马光到朱熹的《通鉴纲目》，蔚为大观。儒学思想也因此而说道统，编了《伊洛渊源录》《圣门事业图》等，建立了儒家的道统谱系。文学上，亦有“文统”之说，元遗山在《病中感寓》诗中曰：“正赖天民有先觉，岂容文统落私权？”真德秀编《文章正宗》，陆放翁则希望杨万里：“愿公力起之，千载传正统。”佛教道教也一样，全真教有《金莲正宗记》，佛教编《释门正统》《传法正宗记》。

诸如此类，都显示了北宋中晚期以迄南宋，整个社会上，存在着强烈的正统意识，以及企图确立正统的行动。词家的作为，亦属于此一时代思潮中的一支。

正统论本来就是对历史进行价值选择的结果，选择一些来推崇之，视为正宗正统之所在，要人承继它，所以正宗同时也就是后人学习的典范。可是，这种选择也筛滤掉了许多被视为不符合正宗之条件者。

像政治上的正统论，不承认许多朝代；儒学上的道统论，则不承认孟子到韩愈、周敦颐之间的儒者。同理，词的正统论、本色当行理论，也排斥不雅正婉约的词风。对辛稼轩已不免于恶评，陈同甫更是被这个正宗谱系给遗忘了。

陈同甫《自赞》曾自诩是“人中之龙，文中之虎”。但实际上他在南宋只是个畸人。持论既畸于时，为人具英雄气，也与当时南宋人不甚相同，跟北方南下的辛弃疾倒是气味相投。主张汉唐帝王不容抹煞，不能采道统观念认为三代以后只是“架漏牵补”过日子，更与揭扬道统论的朱熹不合，他本人也被摈于圣门事业儒学道统之外。心力寄于词作，欲于诗之外别开一域，然竟与其无与于道统一般，也被排拒在词的正统之外，这不是畸而又畸吗？

陈亮之“畸”，在于他对道统正宗说并不是截然排斥的。如，他十分认同于所谓的“伊洛正源”。故在他自己看，他是努力在发扬伊洛之学的人。可是，在以继承伊洛为职志的朱熹看来，陈亮之说却是必须辟除的异端；就是现代人，也都以反对程朱来看待他。这不是荒谬的处境吗？

词，他也一样。虽跟讲“词别是一家”的人同是一路，都主张词与诗分，可是人家说词与诗分，是要协律要婉约要雅正，陈亮又不是那样的风格。所以竟像蝙蝠一般，长着翅膀飞进鸟群里，鸟儿却不认为他是同类飞禽，遂只好孤独地停在历史的黑暗角落里。

但陈同甫《和吴允成游灵洞韵》词说得好：“我自醉眠其上，任是水流其下，湍激若为收。世事如斯去，不去为谁留？……但有君才具，何用问时流？”凡畸于人、忤于时者，辄侔于天，陈亮的成就也是“何用问时流”的。

而且，所谓“侔于天”，是说此类畸人反而能帮助我们认识历史的真相。透过陈亮这位畸人，可让我们更能看清楚词史的发展及其中存在的问题，揭开久被正宗本色论掩盖的事实，也可借此以反省我们现存词史观，并颠覆它！

略示元代文学真容

元朝是个可怜的王朝，今人对之误解曲解最甚。

我们想自夸时，就把成吉思汗、忽必烈的功业抬出来，满足曾经统领欧亚的荣光。想自伤时，就说“崖山之后无中华”、异族统治、九儒十丐。朝代的地位都快要被取消了，谁还顾得上细究其经史文学等人文成就？所以偶尔需要谈时，也是乱扯一通或忽略不计，反正元朝只有九十余年，一闪而过似乎也无所谓。

其实元朝人文成就不可忽视，目前的理解却多紊乱。我这里仅就文学方面勾勒大凡，揭去假面，略示真容。

一

文学，最重要的，当然还是诗文，不是戏曲。诗之特点，乃是自觉学唐。这一点，可说一直影响到现在。

宋末遗老入元者，当然仍不乏江西诗社宗风，方回（虚谷）为其代表。除自作《桐江集》外，编选的《瀛奎律髓》尤其重要，大畅江西宗趣。但推源于杜甫，以杜为祖，黄山谷、陈后山、陈简斋为三宗，清朝学宋诗者多取径于此书。

然而，元代风气是渐趋唐调的。同时之赵孟頫就已“为律诗则专守唐法”（袁桷《跋子昂赠李公茂诗》），仁宗延祐以后更是如此。欧阳玄《罗舜美诗序》云：“我元延祐以来，弥文日盛，京师诸名公咸宗魏晋唐，一去金宋季世之弊而趋于雅正，诗丕变而近古。江西之士之京师者，其诗亦尽弃其旧习焉。”可见风气已变。

而宗唐诸家又分二类，一是学盛唐的雍容春雅，一是学晚唐。前者如虞集、杨载、范梈、柳贯、黄溍、袁桷；后者如揭傒斯、萨都剌。

近代各种文学史，于元夙重其曲而几乎不谈其诗，可是元朝人对他们自己的诗其实颇为自负。戴良《皇元风雅序》就说：“唐诗主性情，故于风雅为犹近；宋诗主议论，则其去风雅远矣。然能得夫风雅之正声，以一扫宋人之积弊，其惟我朝乎！我朝舆地之广，旷古所未有，学士大夫乘其雄浑之气以为诗者，固未易一二数。”

这类见解，元代甚多，但我之所以举出这一段来，是因为由此可讨论几件事。一是元朝人自觉地学唐。他们灭了宋，在文化上也看不起宋诗，欲上溯魏晋唐，觉得唐代较能符合自己那种威震四方的国势。

其次，所谓学唐，学什么呢？一种是歌行长古，以李杜为依归，这也跟讲究恢宏广大的气象有关。另外就是学唐之律绝，是明人宗唐之前辈。

复古宗唐，更重要的原因是他们认为唐诗较近风雅。近风雅是什么意思？就是以“诗主性情”为立场去看文学创作，认为《诗经》之风雅即为此中典范，故作诗应以合乎风雅为旨。陈栎《跋汪子盘诗》云：“昔朱子复程允夫书，深欲其以《语》《孟》《三百篇》为作诗本源。……六经，诗文之海也。”元代诗人，十九皆为理学家，他们所根据的这套诗主性情的理论，或文须本于六经的观点，其实皆沿袭于南宋。但由此出发，却形成了反南宋诗风的结果，觉得唐诗的表现更近于风雅之要求。

“唐诗主性情，故于风雅为犹近，宋诗主议论，则其去风雅远矣”，这个论断，对后来的尊唐抑宋论影响很大，把唐宋诗简单化地定性了以后，大家便在“主性情”与“主议论”如何不同上继续发挥。

元人以尊唐为说，目的其实并不是要尊唐，乃是为了替元诗自己争地位，说我取径较金宋为高。

但推崇唐诗的结果，却是使后人径去尊唐，对宋金诗果然不屑一顾，对元诗当然也就一并轻藐了。清王渔洋论诗绝句感叹“耳食纷纷说开宝，几人眼见宋元诗”，风气其实在明代讲“诗必盛唐”时已然。故胡应麟《诗薮》曰：“赵子昂‘千里湖山秋色净，万家灯火夕阳多’、邓文原‘客舍张灯浮大白，禁钟和漏隔华清’……皆句格庄严、词藻瑰丽，上接大历、元和之轨，下开正德、嘉靖之途。今以元人一概不复过目，余故稍为拈出，以俟知音。”对当时人不看元诗，颇申慨叹。这种结果，是元人尊唐时所不曾想到的。

此时法唐，范围较泛，尚未集中地说是法盛唐。明确说要法盛唐的，以杨载为代表。

今传杨氏所著《诗法家数》一书，分诗为荣遇、讽谏、登临、征行、赠别、咏物、赞美、赓和、哭挽九类，论作诗之准则，说诗要“铺叙正、波澜阔、用意深、琢句雅、使字当、下字响”。另谓学诗者“须先将汉魏盛唐诸诗，日夕沉潜讽咏，熟其词，究其旨”，看来有点像严羽《沧浪诗话》。但并不说盛唐诸公唯在兴趣，而讲诗法，诗法又以“起、承、转、合”为说，对后世影响深巨，清金圣叹一类人讲唐诗即用此等方法。

另外，婉丽的揭傒斯、清丽的萨都剌则是晚唐一路，萨之宫词绝句尤著名。到元朝末年，顾瑛等人更出入于温庭筠、李贺之间。这些，就不能以盛唐来概括了。

杨维桢也学唐，但与虞集、杨载等人不同，以古乐府最著，有《铁崖古乐府》十卷。《四库提要》说“元之季年，多效温庭筠体，柔媚旖旎，全类小词。维桢以横绝一世之才，乘其弊而力矫之，根柢于青莲、昌谷。纵横排傲，自辟町畦”，形成一种铁崖体，以乐府体来咏史、游仙以及重新写宫体香奁之作。

尤其是后者，大写金盆沐发、玉颊啼痕、芳尘春迹、绣床凝思、月奁匀面、黛眉颦色、云窗秋梦、金钱卜欢，乃至学琴、演歌、习舞，上头、染甲、理绣、出浴、酣睡、相见、相思、约会、成配、钓鱼、走马、秋千、踏鞠等。欣赏他的，说“梦得《竹枝》、长吉《锦囊》、飞卿《金荃》、致光《香奁》，唐人各擅，至老铁乃奄四家有之”；

不喜欢的，就讥诋他是文妖。而他其实对明初诗坛颇有影响。

与杨迥异的是倪瓒。元代画家诗人最多，皆极出色，而倪氏最有清韵。自谓倪迂、懒瓒，世号云林先生。有洁癖，平生不近女色，故集中亦无一首艳情诗，若不食烟火气，颇宗法韦苏州。

杨卒于洪武三年（1370），倪卒于洪武七年（1374）。戴良更晚，卒于洪武十六年（1382）。亲历元亡，遍历沧桑，故风格又异，《四库提要》说他“风骨高秀，迥出一时，眷怀宗国，慷慨激烈。发为吟咏，多磊落抑塞之音”。不过他也有陶渊明式的冲淡，不可一概而论，《九灵山房集》中即有和陶一卷。

综合地看，元人诗在诗法及体制上上追六朝及唐人，可是在心态和气象上实与唐有隔。前面讲过，在意识自觉上他们颇有些人是要如唐代那样雄浑壮阔的，但“山林气清”与“越世高谈”毕竟仍是这个时代的基调。前者如倪迂，过一种高士隐逸仿若画境的生活；后者如杨廉夫，咏史、游仙、古乐府、宫体，乱扯一气地越世高谈。

二

诗是元代文学中最好的，词则越来越差。早期尚可与南北宋相颉颃，后却如清陈廷焯《白雨斋词话》云：“日就衰靡，愈趋愈下。”没什么好说。

曲呢？今存散曲四千余首，作家二百余人，其中小令三千八百五十首左右，套曲约四百五十套，看来似胜于词。实则词即古之曲，为唐宋时流行之曲调。到元中期以后，均已不复流通，文人自然渐作渐少。元曲即为当时之曲，情况犹如唐宋人的曲子词，当时人为此等曲子作词，亦如昔年文人为曲子制词一般。

宋词元曲风格之殊，只在两方面，一是曲调本就不同，二是元曲正如唐代刚起来时的曲子词，还没经历过温庭筠、花间诸公、欧、晏、苏、柳、周邦彦等人一再的文人士大夫化，仍保存一些类如敦煌曲子词般的粗俗趣味。

唱曲子，本是一种表演艺术，因此敦煌曲词中便有演说故事的。如《凤归云》二首，任中敏《敦煌曲初探》就说它："不但完全代言，且用语体，极合舞台对白之用。……乃我国歌辞中最合剧辞条件，而时代最早之一首。"

这类词，当时或配合到歌舞戏、参军戏、俗讲中，以供讲唱。其他《十二时》等，大概也是兼有讲唱的。宋赵德麟《蝶恋花》咏崔莺莺故事，亦属此类唱故事的词，只是无说白罢了。

这种演唱故事的曲子，到金朝时发展出诸宫调，也就是从前只用一个宫调一个曲子，反复地唱故事，后来则用好几个曲调组合成套，间以说白，便成了一种剧曲，可以演说故事。

金诸宫调今仅存《董解元西厢记》及《刘知远》残卷。前者用了十五宫调、一百二十九曲，其中出于唐曲者二十章，出于宋大曲者六章，出于词调者三十八章，出于赚词者二章，来源不详者七十六章。或许是新声。其表演方式，据明张元长《梅花草堂笔谈》卷五说是"一人援弦，数十人合坐，分诸色目而递歌之"，跟元代剧曲只以一人主唱的形式不同，但显然为元曲之一源头。

也就是说，曲子有一路是朝组曲并演说故事发展的，在元代，这就成为了剧曲。那些仍维持单曲且不演说故事的就叫散曲小令，套曲的叫套数。

曲调，早期多仍用宋词之曲，所以元好问《人月圆》二首，唐圭璋《全金元词》、隋树森《金元散曲》都收。《辍耕录》卷廿七论杂剧曲名时说“金际国初，乐府犹宋词之流”，即指此一状况。后来新声愈多，声情才渐渐不同于词。

有的文学史说词是唱给文人墨客、官员雅士听的，曲是唱给市井小民听的，故雅俗攸分，实在是笑话。

还有许多人硬分词曲，说曲“以蒜酪味”为本色，亦是胡扯。竟认为元代既是胡人政权，曲子也当有胡味呢！

要知道，元曲早期作家元好问、杨果、刘秉忠均为文人仕宦，作曲之法与其作词并无不同。杜仁杰之作善于谐谑，更是北宋末年戏谑滑稽一路词风之延续。后人受含蓄词观的影响，故以为元曲用俗语、善戏谑为新事象。

曲渐不用词调而自成体制以后，第一位大作家应是白朴。他父亲与元好问交好。元军破金时白朴由元氏携抱逃难，后遂从元就学。闲居无聊，曾加入大都的“玉京书会”，成为书会才人。据称曾作杂剧三百余本，今仅存《梧桐雨》《墙头马上》，散曲小令三十七首，套数四篇。

他是典型的沦落文人，很像柳永，混迹于勾栏市井，但曲子主要是写一种闲散的名士生活，且亦与当时诗词中最主要的态度相似，即渔樵闲话、叹世劝世，如《双调·沉醉东风·渔夫》云：“黄芦岸白蘋渡口，绿杨堤红蓼滩头。虽无刎颈交，却有忘机友。点秋江白鹭沙鸥。傲杀人间万户侯。不识字烟波钓叟。”元之散曲，实即以此为主调。语言或俗些或雅些则不一定。例如：

适意行，安心坐，渴时饮饥时餐醉时歌，困来时就向莎茵卧。日月长，天地阔，闲快活。

旧酒投，新醅泼，老瓦盆边笑呵呵，共山僧野叟闲吟和。他出一对鸡，我出一个鹅，闲快活。

（关汉卿《南吕·四块玉·闲适》）

挂绝壁孤松倒倚，落残霞孤鹜齐飞。四围不尽山，一望无穷水。散西风满天秋意。夜静云帆月影低，载我在潇湘画里。

（卢挚《双调·沉醉东风·秋景》）

关汉卿的这个联章曲较俗，口语化较甚；卢挚的小令则较雅。照现今文学史家之见，好像那俗的才是元曲之本色，实则雅俗同时兼有，就是同一位作家也往往兼有之。如卢挚，现存散曲百二十多首，作品以清丽见称，可是通俗或质朴的也很不少。而且，无论用语雅俗，讲的均以叹世归隐、山樵渔父之生涯为主。其风格之形成，亦皆在元初已然。

某些文学史把元曲形容成“文学起于民间，一经文人染指，即渐衰亡”这一类谬论的范例，说它本以蒜酪味、市井气为本色，后经文人雅化后即逐渐衰死，不晓得如白朴、卢挚之清丽皆在元初；而渔樵闲话，又何尝在市井勾栏间呢？这是山林气！即使如关汉卿，那也只是村野气，不是市井气呀！

稍晚些的马致远情况跟白朴差不多。他号东篱，宦海沈浮二十年，中年后加入“元贞书会”成为才人，作杂剧，时号曲状元。有曲作十六种，今存《汉宫秋》《青衫泪》等七种。小令则存百十七首，套数廿二套，写景、咏物、述怀、男女恋情、咏史、行旅皆备，当然主要仍是归隐渔樵。联章曲《南吕·四块玉》曰：“绿鬓衰，朱颜改，羞把尘容画麟台，故园风景依然在。三顷田，五亩宅，归去来。……酒旋沽，鱼新买，满眼云山画图开，清风明月还诗债。本是个懒散人，又无甚经济才，归去来。”

另外，他写羁旅行役最胜，如《天净沙》：“枯藤老树昏鸦，小桥流水人家，古道西风瘦马。夕阳西下，断肠人在天涯。”王国维《宋元戏曲史》说它“纯是天籁，仿佛唐人绝句”。为什么似唐人绝句？因它只用景物，铺陈出一个画境，不着一判断语。

这种“意象并置”之法，许多人认为即是唐诗不同于宋诗之处（赵孟頫即说唐诗不像宋诗那般多用虚字，其后明清人便以“单用名词字组合成句”为唐诗特点），而其实跟卢挚说“载我在潇湘画里”一样，皆显示了元人诗曲仿若画面的特点，作者往往自觉地把自己放入一个画里去自看自。

马致远以后之大家应推张可久。可久号小山，家世儒素，专作散曲，不写杂剧，今存小令八百五十五首，套数九篇，为元人第一。所作往往以诗词名句入曲，又重对仗与炼句，故清丽典雅，宛若词中周美成。《双调·折桂令》曰："对青山强整乌纱，归雁横秋，倦客思家。翠袖殷勤，金杯错落，玉手琵琶。人老去西风白发，蝶愁来明日黄花。回首天涯，一抹斜阳，数点寒鸦。"一样是断肠人在天涯，但其中意象多含典故，句句有来历。

此外作者可述者自然还不少，如乔吉，与张可久齐名，号惺惺道人、烟霞状元、江湖醉仙，以《渔父词》二十首为最著。徐再思，号甜斋。因另一作家贯云石号酸斋，故后人合辑为《酸甜乐府》。

可是元曲发展至此也渐入尾声，末期虽还有杨维桢、鲜于必仁、汪元亨等，亦无太多新意。倒是男女风情之作，开词境以外之奇，颇有可观，专门作者刘庭信以外，还有杨朝英编的《阳春白雪》。

贯云石为该书所作序文，乃最早之散曲评论。其余论曲者，如燕南芝庵的《唱论》，专谈歌唱；周德清的《中原音韵》，于韵书之外，兼及"作词起例"，谈到造语、用事、用字、务头、对偶、和韵、末句之法，在曲学史上也都有其地位。

但元曲无论近人如何吹捧，终究只是诗之仿拟，其题材与意境且比诗还要窄。创作时又要考虑到宫调曲律等音乐性的要求，联章和套数尤其困难，欲因难见巧，非大手笔莫办。

而元祚既短，曲不像词，晚唐、五代、南北宋有数百年逐步文雅化之历程，又有无数高手致力于其间，终成正果；元曲则仍处在半俗半雅、半语半文、半歌半词的阶段，明而未融，变而未化，文学地位比不上词，更不及诗。

传统上说作词时要“上不似诗，下不落曲”，意中实即存此轩轾。近人以其近口语而贵之，以其近俗而扬之，甚至还有胡适那样荒唐的，以为诗字句整齐，词就句读不葺，曲则更不整齐，长长短短，还可加衬字，所以是文体的自由解放云云。连曲子比诗词格律声韵字句之要求更加严都不晓得，文学还怎么谈呢？

元人曲子，大抵又非市井之作，亦非所谓民间歌谣，它们比敦煌曲子更多地出自文人之手。因为当时文人之遍于社会各阶层，已远甚于唐。《录鬼簿》卷首称该书“载其前辈玉京书会、燕赵才人、四方名公士夫，编撰当代时行传奇、乐章、隐语”。名公士夫，是文人向上流动而成的阶层，书会才人则是文人向下“沦落”而成的群体，白朴、关汉卿、马致远等都曾隶身书会。元代的传奇、乐章、隐语，非名公士夫即书会才人之笔，此语最为明晰。

难道就没有勾栏倡优所作或俗民市井传唱的东西吗？按理应当会有，然时人不贵也，否则《录鬼簿》也不会标榜该书所载皆名公士夫及才人书会之作。

不特如此，《太和正音谱》卷上载赵子昂语云：“良家子弟所扮杂剧，谓之行家生活；倡优所扮者，谓之戾家把戏。”原先宋人称职业演伎人为当行本色，文人客串才叫戾家、不当行，他却颠倒了过来。

为什么？他解释道：“杂剧出于鸿儒、硕士、骚人、墨客所作，皆良人也。若非我辈所作，倡优岂能扮乎？推其本而明其理，故以为戾家也。”这儿，他明说了杂剧之作者皆是鸿儒墨客，是我辈斯文中人，正与《录鬼簿》相呼应。跟今人想象它出自民间、市井、勾栏，恰是两回事。今人总是把事实颠倒了来说，这就是一例。

三

书会主要是编剧本、词话、赚词、弹词、乐曲、谜语的，可能也编平话。

今传所谓元话本小说，如陆显之编《好儿赵正》（即《古今小说》所载《宋四公大闹禁魂张》）、金仁杰编《东窗事犯》及《裴秀娘夜游西湖记》、《钱塘梦》、《王魁》、《绿珠坠楼记》等，大体均经明人改动或竟出于明人之手，唯元至治年间新安虞氏刊印的《全相平话五种》十五卷可确信为元人之作。

五种平话为：《武王伐纣书》《乐毅图齐七国春秋后叙集》《秦并六国平话》《全汉书续集》《三国志平话》。依书目推测，应该还有跟后集相配的前集、跟续集相配的正集，所以应该原先规模甚大，虞氏所刊也不会只此五种，天底下更不可能只他一家刊刻此类平话，故当有一群或多群编述者，才能应付市场。书会恐怕就起了集合才人一齐来编写这类剧本或平话的作用。

对于书会这样的文人团体如何运作、如何集会，如今文献寡征，难以确考，但一般文人结社却是可以知道的。著名的月泉吟社，据《四六丛话》卷十五载其《誓诗坛文》云：

月泉旧社，久褰诗锦之华；季子后人，独仿礼罗之意。遂从昨岁，编致新题。春日田园，颇多杂兴；东风桃李，又是一番。乡邦之胜友云如，湖海之英游雷动。古囊交集，巨轴横陈，谁揭青铜，尚询黄发。无舍女学，何至教琢玉哉？不用道谋，是在主为室者。俾得臣而寓目，与舅犯以同心。眷惟骚吟，良出工苦。所贵相观而善，亦多自负所长。能雄万夫，定羞与绛灌等伍；如降一等，乃待以季孟之间。欲辛甘燥湿之俱齐固甚难，以曲直轻重而见欺亦不可。念伟事或偶成于戏剧，彼谗言特借誉而揄扬。我诗如郐曹，何幸纵观于诸老；此声得梁楚，誓将不负于齐盟。一点无他，三辰在上。

文章仍是南宋四六之体，讲的是吴渭主盟，邀四方文友来作诗之事。题目是“春日田园杂兴”，评审为方韶父、谢翱、吴思齐。共收到二千七百三十五卷，选了二百八十名，前五十名各有奖品，与今日文学奖评奖相似。

这种建诗坛来邀人会盟的方式，无疑乃宋代遗风。元代文人聚会，当不只此一方式。但诗社雅集，动见观瞻，系一切会社之模范，书会等文人团体之集会方式或亦采效一二，也可能兼用职业行会的办法。

但不管如何，既曰书会，既曰才人，能把他们称为“民间”，而跟文人对立起来吗？论元代文学，此类近代文学史论诸魔障，非先在心理上一一涤除不可。

人人都是小说家

现代艺术家，例如将签名的小便池当做一件正式作品，又在蒙娜丽莎的图像上添了胡子而在现代美术史上声名大噪的杜尚(Marcel Duchamp)，在 1957 年说道：“艺术不再是一种由艺术家独立完成的创意行为，相反的，观者借由解读作品的内在意涵，而让作品与外在世界有了联系，也因此将个人的想法贡献给了这件作品。”

德国观念艺术家博伊斯(Joseph Beuys)也在 1970 年提出了“人人都是艺术家”（everyone is an artist）的观念，将观众的参与视为艺术作品的一部分。

而德国当代艺术理论家彼得·韦柏（Peter Wiebel）更指出，未来的艺术将成为一种“以使用者为中心的民主系统”。

他们都夸现代、讲未来，可是中国明代中叶早就是这等情景了。只不过，主要表现于小说。

可是中国小说史早被鲁迅讲坏了呀，硬是说我国小说跟稗官野史传统无关，且只从作者与作品讲，并无“读者”的角度，故对这类现象少所阐发。周作人、林语堂以降，又只谈公安、竟陵和晚明小品，绝少关注小说。后来大谈小说戏曲的人，则附会资本主义萌芽、王学，去讲万历以后的人欲横流、情色大兴。

这些都是错的。我这篇小文，稍介绍点靠谱的脉络。

一要说明代小说初盛中衰，成化、嘉靖才复兴；二是复兴的，不只是明初风气，而是整个稗史传统；三是文人“以文为戏”的作风，跟市场化结合了，乃又出现了全新的景观，包括本文开头提到的那种“以使用者为中心的民主系统”。

现在，明代在历史上名声不佳，文化上大家也只知道八股、王学、昆曲、晚明小品、情色小说戏剧而已。适当补补课，或许还是必要的。

一、小说大爆发的时代

本来在明初，瞿佑就已写了《剪灯新话》，永乐间李昌祺又作《剪灯余话》，皆模仿唐人传奇，一时“不唯市井轻浮之徒争相诵习，至于经生儒士，多舍正学不讲，日夜记忆以资谈论”，后来还大大影响了越南、韩国的汉文学。

可是，正统七年（1442）二书即已遭禁。

那时，整个社会都鄙薄稗史小说。段成式《酉阳杂俎》、陶宗仪《辍耕录》都被认为君子弗之取。

风气之变，是在成化末年嘉靖初年，故祝允明说野史小说“国初殆绝，中叶又渐作”。

祝氏自己深受洪迈之启发，同时陆采仿苏轼《艾子》作《艾子后语》、陆奎章仿韩愈《毛颖传》作《香及其他四友传》，而大量唐传奇及宋人笔记等则皆刊刻于嘉靖间。

陆楫《古今说海》百四十二卷，王世贞《剑侠传》四卷、《艳异编》正续五十九卷等，一时皆有重大影响，以致导生出许多明人自己写的各种小说与传奇，如钓鸳湖客《志余谈异》、邵景詹《觅灯因话》等。

二、复兴的稗官野史传统

所谓小说出于稗史野史、巷议街谈，是指小说是在人人创作、人人参与中“讲出来的”，并不特别强调单一的文人作者。

这个传统复兴以后的写作，门类甚杂。

一种是志怪的，如祝允明《志怪录》、陆粲《庚巳编》、徐祯卿《翦胜野闻》。

一种是杂记士人轶事的，衍六朝唐宋志人记事之风，如陆容《菽园杂记》、顾元庆《云林遗事》、杨循吉《苏谈》等。

效法唐人传奇的，则有赵弼《效颦集》、陶辅《花影集》、宋懋澄《九籥集》、玉峰主人《钟情丽集》及不知作者的《丽史》《寻芳雅集》《龙会兰池录》等。

何良俊《何氏语林》、李绍文《明世说新语》、曹臣《舌华录》、郑仲夔《兰畹居清言》等则是仿《世说新语》的。

还有一种后来视为小品文，其实就是杂记自己或友朋之故事的，如张岱《陶庵梦忆》。

另一种，便是延续六朝滑稽调笑而蔚为大宗的笑话书，如江盈科《雪涛小说》《雪涛谐史》、赵南星《笑赞》、冯梦龙《古今谈概》、陈皋谟《笑倒》、李贽《山中一夕话》、张夷令《迂仙别传》、钟惺《谐丛》、潘游龙《笑禅录》等。

此外就是偏于史考及野史纪闻之类书了。皆于嘉靖以后大盛，怕各位看得头晕，就不备载了。

了解了成化末与嘉靖初此类稗史复兴之情况，自然就会明白过去文学史上所强调的晚明现象，其实肇机均早在嘉靖。万历大抵只是嘉靖的延续，踵事增华。故明代中期恐怕比所谓的晚明还更重要。

三、使命重大却又满纸荒唐

而“复兴”云云，指的还不只是刊刻和续作，更指此时恢复了稗史的写作传统。

什么传统呢？一是祝允明所说的史重劝惩，二是以文为戏。

这两者本是矛盾的。

重劝惩就企图教化读者，影响人的伦理行为，这当然会着重写作的社会责任、历史意义，使得文不苟作。但稗官野史、小说家言，却又不免荒唐志怪、谐戏杂出。庄严的劝惩使命跟游戏为文的态度，奇妙地结合在一块儿。

这是稗史小说之本质，不过不同作家、不同文体表现上略有侧重点不同而已。像明代中晚期大盛的野史纪闻、考证笔记，就远较笑话传奇一类小说严正，史意多而文趣少。可是笑话之滑稽谐谑，固然是以文为戏，其中也未尝没有劝世惩俗之意，故而这两者本是贯串的，但也可以分开来说明。

史重劝惩，在通俗演义中表现得极为明显，每一部书都如此强调，教化群氓之意甚浓。

若说此乃文士向下层民众说法，不免假托史传以示微言，则文人之传奇其实也同样承继了这个传统。

罗汝敬《剪灯余话序》说：“兹所记，若饼师妇之贞，谭氏妇之节，何思明之廉介，吉复卿之交谊，贾、祖两女之雅操，真、文二生之俊杰识时，举有关风化，而足为世劝者。”钓鸳湖客的《志余谈异》，以《王翠珠传》戒嫖、《醒迷余录》醒迷，以《德政感禽录》赞美清官。邵景詹《觅灯因话序》自道：“非幽冥果报之事，则至道名理之谈。”都点明了这个特点。

这些传奇，本是模仿唐传奇的，故鲁迅说它“文题意境，并抚唐人”。但重视风教劝戒，却又使它有近于宋传奇之处，被鲁迅这样不喜欢的人讥笑是头巾气太重。

只是，风教之气虽重，此类传奇仍旧难掩风情。

钱谦益《列朝诗集小传》曾说瞿佑“风情丽逸，著《剪灯新话》及乐府歌词，多偎翠倚红之语”，即指此。其书写爱情最多，自谓：

"记其始末，以附于古今传奇之后，使多情者览之，则章台柳折，佳人之恨无穷。"李昌祺《余话》亦大写才子佳人情事，佳人往往自己送上门来，挽生就寝。

过去讲文学史的朋友，见闻不广，看见晚明颇多风情之作，便大作文章，说晚明重情欲，且如何如何具有重大意义云云。不知此风由来已久。《剪灯》系列中的女子，与后来的"三言二拍"本无大异。许多晚明通俗戏曲小说亦采自此类传奇。如《花影集》中的《心坚金石传》，《绣谷春容》《情史》都予收入，又改编为戏曲《霞笺记》。刘方三义传，《醒世恒言》改写为《刘小官雌雄兄弟》，叶宪祖《三义成姻》、范文若《雌雄旦》、王元寿《题燕诗》、黄正中《双燕记》也都本于此。《金瓶梅词话》九十二回大概也参考了该书的《丐叟歌诗》故事。《志余谈异》中有一半作品也都被《国色天香》《绣谷春容》《万锦情林》《续艳异编》《情史》等收入。

盖此等作品由唐传奇《会真记》《霍小玉传》到元人《娇红记》，在明人的处理中已构成一个风情丽逸的传统。

一如李昌祺《贾云华还魂记》中描述震华知道友人读《娇红记》时虽对侍妾说："郎君观此书，得无坏心术乎？"另一人则斥娇娘为淫奔之女，可是李氏之作却正是仿效这个传统的。

淫奔的故事、激发情欲的写法，遂成通套。如玉峰主人《钟情丽集》的女主角黎瑜娘便喜读《西厢》《娇红》，性格跟崔莺莺、王娇娘相似。

此类作品后来有两路发展。一是曲终奏雅，前半写风情艳史，私订终身，男欢女爱，后半转入风教，或贞节相守，或忠孝团圆。如《丽史》《怀春雅集》。这是向上发展的。

另一路则不免趋于、流于猥亵色情。如《花神三妙传》《传奇雅集》等。万历间的《绣榻野史》说它们跟各样的春意图差不多，正可见此风在嘉靖间已开其端。

四、以文为戏

此类偎红倚翠、风情逸丽之作，乃当时文人“以文为戏”之一端。

永乐间状元曾棨序《剪灯新话》时就说此书文采烂然，“兹所谓以文为戏者”；王英也称李昌祺书“特其游戏耳”。

因为是游戏，故除写艳史外，作者还常借此表现其文才，稗史之中，遂多间杂诗文。

如《剪灯·水宫庆会录》之故事，大抵只是可让主角在龙宫中撰写那篇上梁文的架子；《天台访隐录》则几乎是一篇游记体散文。李昌祺之续作亦复如此，《月夜弹琴记》讲主角与宋人鬼魂对话，先从八十一位唐宋诗人一百六十首诗词中各摘一句组成二十首七律，又集二十首七绝；《至正妓人行》除序及篇末简单的结语外，通篇亦只是一首长诗。

若说此乃早期现象，则尔后不仅未获改善，反而愈趋肆意。出于嘉靖前后的中篇传奇，孙楷第《日本东京所见小说书目》便曾指出：“凡此等文字皆演以文言，多羼入诗词。其甚者连篇累牍，触目皆是，几若以诗为骨干，而第以散文联络之。……其精神面貌，既异于唐人之传奇；而以文缀诗，形式上反与宋金诸宫调及小令之以词为主附以说白者有相似之处……此等格范，盖由瞿佑、李昌祺启之。……佑为《剪灯新话》，乃于正文之外赘附诗词，其多者至三十首。按之实际，可有可无，似为自炫……自此而后，转相仿效，乃有以诗与文拼合之文言小说。”瞿佑、李昌祺之作本为短篇，可是后来的中篇小说同样仿其写法。

这写法是什么呢?

就是基于孙先生说的“自炫”，而把诗文拼在一块。后来通俗小说都效法之，诗文大概都占比重百分之二十左右。

文士炫才，而把诗文钩合到小说叙事中，乃以文为戏之另一种表现。此亦使其不甚似唐传奇，而接近现代的复合文类。

还有一点也值得注意：唐传奇只是唐代稗史小说中之一体，明代稗史复兴，恢复的当然也就不仅传奇之体，传奇、志怪、笔记、杂俎，无所不包。

五、专题专项写作

稗史传统之整体复兴，还有几个特点，一是有专题专项化趋势。

如顾元庆所编《云林遗事》、杨循吉《苏谈》这类专记画家倪瓒、苏州轶闻的。顾编分高逸、诗画、洁癖、游寓、饮食五门，可说是有关倪瓒故事的集成。何良俊《语林》则仿《世说》，分三十八门，是自汉至元文人言谈的集成。曹臣《舌华录》也同样，辑古人问答隽语，分成十八类。王稚登《虎苑》亦似此，但所辑乃与老虎有关的故事，凡分德政、孝感等十四门。王文禄《机警》，收的便是史上善于机变的事迹，他的《龙兴慈记》则所载均为朱元璋取天下时的故事。黄姬水的《贫士传》讲的又都是历代安贫之士的事。

诸如此类，皆属于专题专项性的编辑作业。不唯上集该类小说之大成，亦大启后来者之思路。如王世贞《剑侠传》，收集历代豪侠故事三十三篇，无疑就为此后的侠义小说写作开了端倪。杨慎的《丽情集》采集古今名媛故事，缘情丽靡，影响亦不小。田汝成《西湖游览志余》更重要。该书廿六卷，十三专题，遍录杭州故事，后来拟话本《西湖二集》乃至“三言二拍”都曾由此取材。万历以后，张应瑜《杜骗新书》、冯梦龙《情史》《智囊》、梅鼎祚《青泥莲花记》、江盈科《雪涛谐史》等，也都沿袭着这种风气。

专题专项是集中精力于一端，另一现象则相反，是总揽汇聚型的。

如陆楫《古今说海》，分说选、说渊、说略、说纂四部，百四十二卷；王世贞《艳异编》收古今灵怪与爱情类作品三百六十一篇，均可谓说部之渊海。顾元庆《顾氏文房小说》《广四十家小说》、胡应麟《百家异苑》等亦然。六朝唐宋元明说部之书，一时俱备，实乃前所未有之事。

整个万历以后的小说发展，可说就建立在这大规模的稗史传统复兴运动（或活动）之上。

如志怪，《太平广记》《夷坚志》《博物志》等均刊刻于嘉靖间，自然就渐启发了后来的仙佛小说。

《世说》首刻于嘉靖中，不仅带动了一大批语林类的作品，那种魏晋隽雅的言谈及疏放的行事风格，更深深影响着万历以后的文人。今所谓晚明闲适小品之人生态度，半由仿效魏晋清谈而来。

再说传奇。唐人传奇之流布，前已讲过，是在嘉靖年间。万历初钓鸳湖客《志余谈异》，中期邵景詹《觅灯因话》即承风而继起者。无此一段，也就不会有后来清初的《聊斋》。

六、在出版市场中繁荣

而这整个历史建构过程，作家是以编辑人身份与出版商合谋的。作家自兼编辑与出版商的情况虽不若万历中叶以后明显，但出版情境在文学发展中的作用，显然空前。

鲁迅曾批评明代后期小说丛书往往妄造书名，而且乱题撰人。嘉靖以来，编书人之妄，何止于此？裁裂杜撰、巧立名目者，诚所在多有。

但除了这些令考史征实派人士头疼的毛病外，它还有很多影响文学史进程的状况值得注意。

比如前面讲的传奇，从唐到明初，大抵皆是短篇。成化、嘉靖间除大量刊刻此类作品外，还因应市场，发展出长篇来，动辄万言数万言。

相对于通俗演义等长篇通俗小说，目前学界通称此为中篇传奇。可是由传奇说，它确是长篇无疑了。

之所以会那么长，一是刊刻流布，不比手写传抄，自可大增其篇幅；二是作者徇书商之请，因为它徐敷陈以谐俗目。

正因为如此，故此类传奇有很强的市场性倾向。例如作者未必署名，叙恋爱而近于直，用语亦较浅白。《花神三妙传》《李生六一天》《传奇雅集》《痴婆子传》之情色描写，且开《金瓶梅》之先河。

市场性的东西，一旦畅销，书商就会重复制作，因此作品雷同，类型化十分严重，并会不断被摘选载录到各式丛编中。

各传奇，除单刻本外，常被选到另一些本子中，就是这个缘故。如《国色天香》收了七篇万字以上传奇、《绣谷春容》录了八种。这种汇录本，以后也不断被重刊，或书商委托人不断另编。

此等现象，看来并非好事，但它显示一个文学史上的新时代业已来临，此即读者之时代。

从前，论及文学，主要是由作者面去说诗言志、诗缘情、诗以道性情；或由作品面去说诗文之体、格、法、式，评骘其优劣高下。读者的问题不是没有考虑，但不如由作者及作品说那么重要。

且读者主要是接受端，接受作者及作品提供的信息，努力去了解作者与作品，或知人论世，或兴于微言以相感动。读者当然也可兴观群怨，可以多识草木鸟兽之名，然而读者阅读文学作品，其作用乃是要使自己产生变化的："温柔敦厚，诗之教也。"作者代表了意义的给出者，作品是载体，读者则是接受意义以令自己被教化的。

现在，稗史的作者虽然仍力倡着“史重劝惩”的老传统，努力在作品中进行风教，可是这老传统乃是在一个新环境中活动着的，故情况便不得不有了些变化。读者的世俗趣味、意义取向，开始倒过来，要影响着作者与作品了。

作者主体渐次隐没。服从于读者之需要与意志，因此作者遂多不再使用本名，改采化名、佚名、无名，或假托某大众所喜爱之编书人名作为代号（此即鲁迅所说乱题撰人）之方式。

过去均说这是小说不受文人重视之故，不知古代人写小说并不隐姓埋名，此时为何竟以匿名为时髦？斯乃自我面目既隐，撰作故事以娱看官，本无太多主体意识可说也。

这时，还有一个制度化的代表性读者，常参与到作者与作品的创作活动中来，那就是以读者观点及角色出现的批点者。

小说戏曲均有越来越多随正文一齐刊刻的评点。读者的声音，犹如戏场边上的喝彩声、议论声，堂而皇之，与作者并列，甚至引导着作品的意义方向。过去，只说是读某一小说、某一传奇、某一戏曲，此后则要说读谁的评本与刊本了，评本、刊本不同，作品文本及意涵就不一样。

作品的雅俗之分，乃亦因而混乱了或渐泯了。

仍以传奇为例。古文传奇化，越来越甚。

唐代古文本有应世谐俗之一面，如韩愈《毛颖传》、柳宗元《李赤传》《河间妇传》之类；唐传奇本也有古文笔法。此一传统到明代大获发扬。早期如宋濂《秦士录》、高启《南宫生传》已是如此。成化、弘治间马中锡《中山狼传》《辽阳海神传》《韦十一娘传》亦皆有名。

嗣后古文常与传奇相混，到晚明袁宏道《徐文长传》、张岱《五异人传》、陈继儒《范牧之别传》等，古文与传奇简直无别。

古文与传奇相比，古文理应较雅；传奇与通俗小说比，传奇又较雅。可是古文既与传奇混，传奇乃又与通俗小说混。例如形式上传奇中大量穿插诗、词、骈文，虽说是老传统，甚至可以上溯到秦汉之赋体，但论者颇疑它与宋金诸宫调之以词为主而附以说白者相似。

当时通俗小说本也是说说唱唱的，传奇诗文混体，便与之同风。

传奇的情节与诗词，又常被后来通俗小说所袭用，如《警世通言》所载《王娇鸾百年长恨》，即改写自《寻芳雅集》。《欢喜冤家》第二、十、廿四回也分别抄袭了《寻芳雅集》和《钟情丽集》。甚至整个明末清初的才子佳人小说，均可视为嘉靖间这一批传奇的继响。

而传奇既广为市井所阅听、大量刊刻于坊肆，则它又难道不具通俗小说性吗？

也就是说：嘉靖前后，历史气氛浓厚，稗史传统亦得以复苏。时人有意识地重建此一传统，但重建后的传统与新的出版情境结合，便形成了新契机，晚明清初许多小说状况即缘此而生发，不可不察。

西方小说繁花簇锦的时代，要到19世纪，明代中期声色大开的这些小说戏曲，可是它的先驱呀。

谈《红楼梦》：情悟双行

假如一切都是因缘夙定，一切都是命中已有定数了，那么人间一切悲欢离合，岂非白忙一场？是的，所谓“万境皆空”，就是这个意思。金陵十二钗的命运，早已写在册子上，薛宝钗、林黛玉等人无非照着剧本去演罢了。此所以尘世情爱皆为虚幻，钗黛莺燕，盖与土人木偶无异，冥冥之中，早有安排。

土人木偶，本身是无自主性主体意识的。但《红楼梦》所记述的人物却未必无主体意识，像贾宝玉摔玉，说你们讲什么“金玉良缘”，我偏说“木石姻缘”，就是个鲜明的例证。

在夙缘定数观念底下，人物对夙缘定数只是“不知”。不知者谈不上有没有自主的主体意识，在他以为什么都是由他自己做决定做判断时，其实都早被夙缘所定，故其自以为是自主，恰好彰显了他的不自主。佛家说因缘所生法“空无自性”，就是这个意思。

可是，不知者对他的行为既无自主性，自然也就没有责任，此即所谓“不知者不罪”。在伦理上，他无须为自己的行为负责。假如这样，则“福善祸淫”云云，便成了矛盾。因为淫乱者并非他自己的过恶，当然无须承担背后道德的惩罚；行善者之善行，也一样没理由获得奖酬。福善祸淫，岂非虚话？福善祸淫，既是虚话，要劝世人戒淫，又从何劝起？

有不少评论者认为《红楼梦》有演“三教合一”之旨。这在表面上看，固然是对的；但三教既三，便有难以合一之处。夙缘前定、尘情俱幻之说，与福善祸淫之论，在理论上就会形成扞格。同理，诸法本于因缘，空无自性，也与自主性主体意识的强调相矛盾。第一百二十回，作者针对袭人嫁给蒋玉函的事，跳出来评论道：

> 虽然事有前定，无可奈何；但孽子孤臣，义夫节妇，这“不得已”三字也不是一概推委得的。此袭人所以在“又副册”也。正是前人过那桃花庙的诗上说道：“千古艰难唯一死，伤心岂独息夫人！”

袭人嫁给蒋玉函是姻缘前定的。她明白了这个道理，所以没有寻死。这在伦理上不是毫无可议吗？可是，作者偏要于此下一转语，说在事已前定，无可奈何之中，毕竟仍有人自己那个“我”在起作用，不可忽视。孽子孤臣、义夫节妇，并非命中注定了他要当孤臣孽子义夫节妇。而是命中注定了事已不可为，臣不可存国、子不可存家、妇无法有夫、夫无能举事，这些臣子夫妇却偏要以自己的方式来表示对命运不屈从的态度，对已被破亡或消失的家国朋友丈夫尽忠尽孝尽义。这种人，才是作者敬重的。那些在命运之前，以“不得已”三字为自己辩护，或随顺命运安排者，则被他放在较低的位置。他解释袭人之所以列入“又副册”，即本于这一观点。

这样的转语、这样的观点，显然就是强调自主意识的。在这种情况之下，也才有道德意识可说。第一百十八回，宝玉和宝钗的论辩亦涉及这个问题：

> 宝钗道：“……论起荣华富贵，原不过是过眼烟云；但自古圣贤，以人品根柢为重。”宝玉也没听完，把那本书搁在旁边，微微的笑道：“据你说‘人品根柢’，又是什么‘古圣贤’，你可知古圣贤说过‘不失其赤子之心’？那赤子有什么好处？不过是无知、无识、无贪、无忌。我们生来已陷溺在贪、嗔、痴、爱中，犹如污泥一般，怎么能跳出这般尘网？如今才晓得‘聚散浮生’四字，古人说了，不曾提醒一个。既要讲到人品根柢，谁是到那太初一步地位的？”宝钗道：“你既说‘赤子之心’，古圣贤原以忠孝为赤子之心，并不是遁世离群、无关无系为赤子之心。尧、舜、禹、汤、周、孔，时刻以救民济世为心。所谓赤子之心，原不过是‘不忍’二字……”

宝玉的讲法，就是由聚散浮生、尘缘俱幻这方面说。人生已是陷溺，故重点应在如何跳脱尘网。而人之所以能跳脱，在于他有一个“无执”之心。宝玉对赤子之心的解释，即在无执这一点，强调它的无知、无识、无贪、无忌。宝钗则认为赤子之心不能仅从无执（无关无系）这方面说，应注意它也是不忍人之心。不忍人之心，是指他人之痛苦罪失，对我而言，是会形成道德感情及责任的。见孺子之乍入于井，能漠然无知、无识、无贪、无忌吗？自然会觉得救他出来是我的道德责任。若见死不救，则会内疚，形成道德上的负担与亏欠感。

这种道德感，是人在面对伦理抉择时的依凭。国破家亡了，人要漠然无知无识，视为聚散浮生，以跳出对家对国的爱痴；谓其为缘定、为劫数，以知命顺命？还是要选择做孤臣孽子？这就在于他有没有这种道德感。没有，则所谓“赤子之心”实是“空心”。是空无所执之心。用宝钗的话说，就是以“无关无系为赤子之心”。有，则赤子之心便是具主体性的恻隐之心、善恶之心、辞让之心。所以宝钗用忠孝之心来概括。

具主体性的道德行为，才能进行道德判断。若是空无所执，便跳出了尘世的道德判断之外，不涉道德。善也罢、淫也罢，福也好、祸也好，都与之了不相干。宝玉看来是希望能够如此的。但整部书中，宝玉采此立场之时间甚少，大多数情况反而是反对如此。摔玉哭闹那一回最明显。而整部书福善祸淫，凡犯淫者都被写得不堪，其人亦不获佑，更是显而易见的。宝玉之执着于情，谈不上道德意识，与宝钗所说的忠孝之心，若不相干，然其所表现之赤子之心，却正是有恻隐、有羞恶、有辞让、有不忍的，非空无所执之心。

像三十回宝玉在大观园蔷薇花架下瞧见一个女孩在地上画蔷字，心中便想："这女孩子一定有什么话说不出的大心事，才这么个形景。外面既是这个形景，心里不知怎么熬煎。看她的模样儿这般单薄，心里那里还搁的住熬煎。可恨我不能替你分些过来！"忽一阵凉风过，飘下一阵雨来，宝玉便想："这时下雨，她这身子，如何禁得骤雨一激？"不禁开口喊她不要写了。这不就是孟子说的"他人有心，余忖度之"以及不忍人之心吗？宝玉对人的体贴，都由这里来，所以才显得深于情、痴于情。

也就是，无知无识的心，是超世离情的，亦无善恶可言。不忍人之心，则开有情世界，在有吃有爱有贪有嗔中见是非善恶。《红楼梦》既说万境归空、浮生聚散，也说福善祸淫，就使它整部书既谈空又说有；既要超情悟道，又要深入情海。

《红楼梦》的诠释路向中两大路线之争，即肇于此。有些人认为它旨在警幻悟空。有些人则觉得悟的部分并不重要，其书之感人处不在悟而在情，故乐钧《耳食禄》二编卷八说："非非子曰：《红楼梦》，悟书也？非也，而实情书。其悟也，乃情之穷极而无所复之，至于死而犹不可已，无可奈何而姑托于悟，而愈见其情之真而至。故其言情，乃妙绝今古。"方玉润更指："宝玉遁入空门一段，文笔虽觉飘渺，而事属荒唐。未免与全书笔墨不称。"他们都认为悟只是门面话，是不得已的假托、习用的套语等，写情之处才是假语尽去真事独存。所以第五回警幻劝宝玉"留意于孔孟之间，委身于经济之道"，戚蓼生本即有批语云："说出此二句，警幻亦腐矣。

然亦不得不然耳。”所谓不得不然，就是说写小说的人要讲一些面话来作为保护色。

可是，《红楼梦》不是简单的小说，不是一真一假，读者只须拨开它的假叙述就可见着真相的。它同时谈空，又同时证有。顽石以情悟道，历劫归来，回首前尘，固然如梦如幻，但历劫所经，却是“亲见亲闻”，“其间离合悲欢，兴衰际遇，俱是按迹循踪”，毫不失真的。事是真，幻也是真。为了使人能悟万法皆空，故它要说万法皆本因缘，缘散则空；又要说天理福善祸淫，故人应戒除凡情，以归入性天；更应明白人生自有夙缘、自有定分，不必强求。

但是，天理福善祸淫，人间的喜怒哀乐已发之情更有是非对错可言，并不能说是虚幻的；人在此，亦须行善戒淫。这一方面批判了“皮肤滥淫”或“意淫”，另一方面则亦揭出了一种“得性情之正”的忠臣孝子义夫节妇，及以不忍心救世济民的圣贤人格来。这情淫情正的有情世界，也一样是实而不虚的。宝玉再游太虚幻境时，见着牌坊上写着“真如福地”四个大字，转过来便见一座宫门，上书“福善祸淫”，就是这个道理。《红楼梦》善于利用佛教义理和儒家学说中合而不尽合之处，开创了这种情悟双行的格局，以情悟道，而不舍其情，遂开千古未有之奇，读者须于此善加体会。

红楼大梦

《红楼梦》说女娲炼石补天时剩下了一颗石头，拜托茫茫大士、渺渺真人携下尘寰。

这是它整本书的叙述框架。所有的故事，都发生在这个框架中。因此，这本书跟佛教道教的关系，并不是枝节、片段、缀合的。

何况，此书既名《红楼梦》，又名《情僧录》。出家的和尚贾宝玉，又被赐道号为“文妙真人”。则这部小说与佛教道教的关系甚是明白。

但，凡是简易明白之事，稍一推勘，总会发现它似乎又并不那么明白。

一、毁僧谤道的小说?

书中叙述佛教道教之人物与事迹，大体均无崇仰敬爱之意。

第二回《贾夫人仙逝扬州城　冷子兴演说荣国府》，冷子兴介绍贾家的祖宗八代，就批评贾家历来的道教信仰。说宁国公故世后，贾代化袭官，长子早夭，次子贾敬，“如今一味好道，只爱烧丹炼汞，余者一概不在心上”，“一心想做神仙……不肯回原籍来，只在都中城外和道士们胡羼”。这样的叙述口气，显然对烧丹之事甚不以为然。

第十三回，秦可卿卒，“那贾敬闻得长孙媳死了，因自己早晚就要飞升，如何又肯回家染了红尘”，故亦置若罔闻。可是，不旋踵，他自己倒是因炼丹而先死了。

六十三回《寿怡红群芳开夜宴　死金丹独艳理亲丧》，记尤氏等人去城外玄真观验尸，大家“素知贾敬导气之术总属虚诞，更至参星礼斗、守庚申、服灵砂，妄作虚为，过于劳神费力，反因此伤了性命的。如今虽死，肚中坚硬似铁，面皮嘴唇烧的紫绛皱裂”。知他乃吞金服砂，烧胀而死；同时也非常清楚他是妄作虚为而死的。可见平时大家只是不理他，由他去瞎胡闹而已。

另外，第八十回写《美香菱屈受贪夫棒　王道士胡诌妒妇方》、廿五回写《魇魔法姊弟逢五鬼　红楼梦通灵遇双真》等等，则是对法术的批评。

青山山农《红楼梦广义》又说妙玉：“外似孤高，内实尘俗。花下听琴，自诩知音，反忘来路。情魔一起，而蒲团之趺坐，尽弃前功。内贼炽，斯外贼乘之耳。”可见亦非真能令人敬爱者。其余如水月庵的姑子智通、地藏庵的姑子圆心、馒头庵的尼姑静虚，就更不用说了。

第一百十七回又记邢大舅子在贾家喝酒与贾蔷等人说笑，讲了一个玄帝庙老是被盗，仿土地庙建了一堵墙以防贼，不料仍被盗，原来砌的乃是“假墙”的故事。酒话闲耍，竟开起玄武大帝的玩笑来。

凡此等等，均可证作者对佛道教并无特别崇信敬畏之处。宝玉对僧道尤无崇仰敬重之心理。第三十六回记宝玉在梦中骂：“和尚道士的话如何信得？什么金玉姻缘？我偏说木石情缘。”又，第十九回袭人劝宝玉，“再不可毁僧谤道，调脂弄粉”，即足以证宝玉平日正是毁僧谤道的。

一次，宝玉走出闲逛，却恰巧撞见了书僮茗烟按住了一个女孩儿正在苟合。那女孩竟然名叫“卍儿”。“卍”是佛教的代表符号，意为吉祥万德所集。佛陀造相，多在胸前着一“卍”字。这个女孩在书中并无其他作用，只在此惊鸿一现，显见作者刻意以圣德为名之女，行苟且淫乱之事，藉此揶揄反讽之。

由这些事例来看，我们还能说《红楼梦》是亲近佛道的小说吗？

二、受佛道点化的小说？

然而，《红楼梦》固然“毁僧谤道”不遗余力，但僧道在书中却不乏扮演着神圣性的角色。最典型的，就是从大荒山无稽崖把石头携入红尘的那一僧一道。

他们或扮演石头入世的导引者，或担任他的护佑者，或为石头悟道出世的点化者，或成了石头游历归真的接应者。地位至为重要。

全书的宗旨，须由这类神圣性人物来点明；溷于尘俗的心灵，也要由他们来点化、启蒙。故一百十七回宝玉二游太虚幻境醒来后，再见到这一僧一道的僧，见他满头癞疮，混身腌臜破烂，便忖思："自古说真人不露相，露相不真人。也不可当面错过。"果然蒙他点悟了。

这一僧一道，并不专只点化宝玉。他们之前就先度化了甄士隐。

其后第七回说宝钗自幼有病，"后来还亏了一个秃头和尚，说专治无名之症"，制了一味冷香丸给她吃了才好。

第十二回讲贾瑞想偷凤姐不成，反受了一番整治，染上重病，老治不好。跛足道人送了他一面"风月宝鉴"，嘱他只可照背面，以治邪思妄动之症。不料贾瑞不受教，偏要照正面，结果遗精虚脱而死。

六十六回说湘莲梦见尤三姐，放声大哭，不觉自梦中哭醒，似梦非梦，睁眼看时，竟是一座破庙，旁边坐着一位跛道士在捕虱。道士度化了湘莲，湘莲拔剑削去头发随道士去了。

可见此僧道对每一个人都具有普遍意义的护佑者、启蒙者之角色功能。

书中最先被度的是甄士隐，最后在急流津觉迷渡得度的是贾雨村。甄士隐、贾雨村在书中的作用，是另一个形态的一僧一道。

《红楼梦》一书，起于《甄士隐梦幻识通灵　贾雨村风尘怀闺秀》，结于《甄士隐详说太虚情　贾雨村归结红楼梦》。甄贾二人在整个故事中，担任中介者或证明者的角色。甄者显真，贾者从俗，流转尘寰，绾合着许多与贾府的因缘。黛玉是贾雨村的学生，冷子兴演说荣国府时，宝玉的来历，也只有贾雨村晓得。可见贾雨村虽与俗浮沉，但作为中介者、证明者的角色，终是灵明不昧的。

在这神圣界的一僧一道和尘俗界的一僧一道之上，还有个警幻仙子。

茫茫大士、渺渺真人是奉警幻仙之命，带石头下凡历劫的。宝玉第二次游太虚幻境时，见一群女子都变形为鬼怪来追扑他，是送玉来的和尚“奉元妃娘娘旨意，特来救你”，并告诉他：“世上的情缘，都是魔障。”等到宝玉出家后，一僧一道又返太虚幻境复命，交割清楚，再把石头送还原处。警幻居整个神圣性人物之最高位，是无可置疑的。

警幻，“美人之良质兮，冰清玉润”，仿佛是《庄子·逍遥游》所描述的藐姑射山之神人。其居地，名曰太虚幻境，则用道教义。可是太虚幻境，又名真如福地，这又合乎佛教义理了。因此我们可以说警幻是个兼摄佛道的人物，为整个事件的推动者、主导者，是她让石头下凡历劫，有此一番经历，故才衍出这么一部大书来的。

警幻用以警示宝玉的是什么呢?

三、人生无常的小说?

入了太虚幻境，即见一宫门，横写“孽海情天”四字，对联曰：“厚地高天，堪叹古今情不尽；痴男怨女，可怜风月债难偿。”其内则有痴情、结怨、薄命、朝啼、暮哭、春感、秋悲诸司。明说了孽海情天中即会有这啼哭悲怨诸事。

其后警幻请宝玉喝了“千红一窟”“万艳同杯”的茶。千红一哭、万艳同悲，则是讲好景不常、红楼幻梦。

接着，又为宝玉演示了悲金悼玉的红楼梦十二曲。终身误、枉凝眉、恨无常、分骨肉、乐中悲、世难容、喜冤家、虚花悟、聪明累、晚韶华、好事终、飞鸟各投林。每一曲，都在说荣华不久，情爱只是水中月镜中花。

这虚幻、无常，都是佛道的义理。因此小说藉警幻仙子和一僧一道来宣说这番道理。小说另一些地方，则用另一些方法来讲。

例如第廿一回宝玉看《庄子·胠箧》“擢乱六律、铄绝竽笙，塞瞽旷之耳，而天下始人含其聪矣。灭文章、散五采，胶离朱之目，而天下始人含其明矣”诸语，颇有领悟，续了一段，说：“戕宝钗之仙姿，灰黛玉之灵窍，丧灭情意，而闺阁之美恶始相类矣……戕其仙姿，无恋爱之心矣。灰其灵窍，无才思之情矣。彼钗、玉、花、麝者，皆张其罗而邃其穴，所以迷惑缠陷天下者也。”这一段话，便有绝情弃爱之意。

二十二回，为宝钗做生日，宝钗点了《西游记》，后来又点了一出《鲁智深醉闹五台山》。这两出有个共同点，即主角孙悟空、鲁智深都是桀傲不驯、充满原始生命气力的，具有颠动礼教成规世界的性质。但后来曲终奏雅，终得敛才就范，成佛证道。这其实就是暗指宝玉。

我们不要忘了，宝玉是石头所化，与孙悟空由石头里迸出来如出一辙。《红楼梦》甄贾两宝玉的写法，也类似《西游记》里的真假猴王。贾宝玉号称“混世魔王”，跟“齐天大圣”的名义也很相仿。因此，书中描写宝钗点这样的戏，殊非偶然。

宝钗尤其看重《鲁智深醉闹五台山》中的《寄生草》一曲，特意介绍给宝玉听。曲曰：“漫揾英雄泪，相离处士家，谢慈悲，剃度在莲台下。没缘法，转眼分离乍。赤条条，来去无牵挂。那里讨烟蓑雨笠卷单行？一任俺芒鞋破钵随缘化。”这一回，则唤做《听曲文宝玉悟禅机》。曲中同样表达了离俗绝世，各种缘会皆当放下之感。

这一回中还提到宝玉原拟调停黛玉与湘云，不料两边不讨好，故想起《庄子》书中两句话：“巧者劳而智者忧。无能者无所求，饱食而遨游，泛若不系之舟”“山木自寇，源泉自盗”。山木自寇，是说山木长得高大，正好引来别人砍伐，亦如巧者智者其实反多烦恼。倒不如无知无能者还能适性逍遥。这也是“戕宝钗之仙姿，灰黛玉之灵窍，丧灭情意，而闺阁之美恶始相类矣”之意。

这些地方，屡引《庄子》语。据一百十八回说：“宝玉送了王夫人去后，正拿着《秋水》一篇在那里细玩。宝钗从里间走出，见他看得得意忘言。”可见《庄子》确是宝玉经常研读的书，以致宝钗担心：“他只顾把这些出世离群的话当作一件正经事，终久不妥。”

除《庄子》外，这一回还说宝玉另有“几部向来最得意的”书，如《参同契》《元命苞》《五灯会元》之类。《参同契》是道教炼丹之书，《春秋元命苞》是讲谶纬，《五灯会元》则是禅家的语录。

宝玉平日钻研这些书，无非也是想由其中探道本、离尘俗。

不过，《红楼梦》并不是这些书的笺注，所以这本那本，原不重要；重要的是那个尘缘幻梦，不可执着的道理。

所以宝玉说：“内典语中无佛性，金丹法外有仙舟。”道理不是由书本上语句中就求得来的。知了这个理，书和语句就不须执取。而且，这个道理，须由人亲行实证才能真正获得，光在书本子上求也求不到。

四、以情悟道的小说？

但情爱的世界太过迷人。贪历饮馔声色者，未必能即领悟它们均是幻境，溺情执爱，遂可能一往不返，不再能“返还本质”。二十五回描述宝玉被魇魔，指的就是：“那宝玉原是灵的，只因为声色货利所迷，故此不灵了。”所以要由那一僧一道再来辅导、协翊之。那和尚说：“粉渍脂痕污宝光，房栊日夜困鸳鸯。沉酣一梦终须醒，冤债偿清好散场。”宝玉才渐渐清明了。

宝玉非寻常人，乃是有“性灵”的，为何竟也如此把持不住，险些被迷？一百二十回贾雨村也有此疑，道：“那宝玉既有如此的来历，又何以情迷至此，复又豁悟如此，还要请教。”甄士隐解释说：“两番阅册，原始要终之道，历历生平，如何不悟？仙草归真，焉有通灵不复原之理呢？”又说：“贵族之女，俱从情天孽海而来，大凡古今女子，那淫字固不可犯，只这情字，也是沾染不得的……

凡是思情缠绵的，那结果就不可问了。”

人为情所染，即入魔障。宝玉亦不例外。其得以不迷本性，恢复灵明，一仰外缘，即一僧一道之协助；但这只是暂时的辅翼，若真想豁悟归真，仍须自悟。

自悟的条件亦有二，一是人若能早知道未来的结局，自然不会在现今做无谓的事。槐安国、黄粱梦，醒来时一切功名利禄之想，无不爽然若失，那是因为已然见着了未来终归是场空，所以现在就冷了心。甄士隐说宝玉两番阅册，已知平生，焉能不悟，指的就是这个道理。另一种人能自悟的条件，则是他本身就有灵性，所以“焉有通灵不复之理”。

石头历劫的故事，又名《情僧录》，就是记这番以情悟道的经过。

五、归于宿命的小说？

但万法皆空，那个万法皆空的理不空。是因确有因缘这个理，所以才能讲万法皆空，故曰：“因缘所生法，我说即是空。”

万法皆因缘所生，生无自性，是以名之为空。缘聚时，仿佛若实有其事；缘尽了，就飞鸟投林，散而成空。空，反而证明了那个理是真有的。

另一个真有的理，是宝玉瞧见上面那副对联后，转过牌坊，看见一座宫门，门上横着四个大字：“福善祸淫”。

一百二十回又载：“雨村听到这里，不觉拈须长叹。因又问道：

‘请教老仙翁：那荣宁两府，尚可如前否？’士隐道：‘福善祸淫，古今定理。现今荣宁两府，善修者缘，恶者悔祸，将来兰桂齐芳，家道复初，也是自然的道理。’”福善祸淫，被视为古今定理，故警幻说，“尘世中多少富贵之家，那些绿窗风月、绣阁烟霞，皆被那些淫污纨绔与那些流荡女子悉皆玷辱。更可恨者，自古来多少轻薄浪子，皆以好色不淫为饰，又以情而不淫作案，此皆饰非掩丑之语也。好色即淫，知情更淫”，像贾宝玉就是比登徒子更淫的人，“天分中生成一段痴情，吾辈推之为意淫”。

因此书中特以此人为例，说天道福善祸淫之理。书中凡涉淫行者，也都无好下场。头一个就是秦可卿。

一百十回说可卿是钟情的首座，引领天下痴男怨女，归入情司，后来才能看破凡情，超出情海。她对鸳鸯说：“世人都把那淫欲之事，当作情字，所以做出伤风败化的事来，还自谓风月多情，无关紧要。不知情之一字，喜怒哀乐未发之时便是个性。喜怒哀乐已发，便是情了。至于你我这个情，正是未发之情。”这里把情分两种，一是凡情俗情，喜怒哀乐及男痴女怨都属于此。一种则是超越凡情之情，其实也就是喜怒哀乐未发之性。人应超越凡情，复返性天，用秦可卿的话来说，“即是归入情天”。

我们应记得康熙赐给白鹿洞书院的匾额，正是“直达性天”。《红楼梦》这套区分凡情与超越之情的讲法，亦即是朱熹哲学中的“性其情”之说。一为凡情，一为性情。凡情经过调整、转化、超越而使其情如性。程朱教人，每令学者体会喜怒哀乐未发之气象，就是此义。《红楼梦》中教人知俗情之妄，而归入性天者，则非程朱所示之主敬涵养工夫，而是要人知天道福善祸淫之理，知此天理，乃能幡然警醒。

因此，福善祸淫之理，与“万境归空”那个理，在作用上是相通的，也相配合。知情缘皆空，人始可不执着于凡情，这是扫去之法。知天理福善祸淫，则既具戒惕作用，知凡情不可为；也可正面建立一个人生指向，使人戒淫导悟。

而万法皆本因缘，故万法归空这个道理，又可关联着“缘份”这个理。缘分，是佛教因缘观传到中国后，跟中国天命定分定数观结合而形成的观念。谓人生的因缘皆有定分。

《红楼梦》中谈到这个观念的地方极多。第五回，荣、宁二公之灵对警幻仙子道：“吾家自国朝定鼎以来，功名奕世，富贵流传，虽历百年，奈运终数尽，不可挽回。”表露了荣宁二府之衰，乃是天数使然，故彼等“子孙虽多，竟无可以继业者”。

一百十四回宝玉回想曾在太虚幻境见过的金陵十二钗册子，说“这么说来，人都有个定数的”，亦即金陵十二钗的命运亦早有定数。

前一回，紫鹃看宝玉黛玉的关系，也有体会：“如此看来，人生缘分，都有一定。”

一百十八回，王夫人看宝玉跟宝钗的事，也同样说：“想人生在世，真有个定数。”宝钗自己看呢？亦是说：“夙世前因，自有一定，原无可怨天尤人。”并以此理劝慰了薛姨妈。而薛姨妈跟王夫人遂因此而聊起袭人的事，把袭人嫁了。

一百二十回，袭人出嫁后，本欲寻死，待因猩红汗巾而令袭人知道嫁的乃是蒋玉函，“始信姻缘前定”。

小说接着“不言袭人从此又是一番天地，且说那贾雨村”，递籍为民，到了觉迷渡口，逢甄士隐。甄士隐道：“富贵穷通，亦非偶然。今日复得相逢，也是一桩奇事。”又说宝玉业已出家，“从此夙缘一了，形质归一”。

为什么是夙缘呢？原来在第一回中，甄士隐正午睡时，梦见一僧一道同行，道人问僧携石头去哪儿，僧人云：“如今现有一段风流公案正该了结。……趁此机会，就将此蠢物夹带于中，使他去经历经历。”于是将相关因果叙明，以见石头历劫下世，乃是因缘有定的。此即所谓夙缘。

凡此等等，具见整部书的构成即本于夙缘定数，其中每个人的关系也以缘分来钩合。另外随处都会提到：“谋事在人，成事在天”（第六回，刘姥姥语），“死生有命，富贵在天”（四十五回，林黛玉语）。

三十六回《识分定情悟梨香院》描写宝玉在梨香院受龄官奚落，发现她只恋着贾蔷。这才使他省悟“昨夜说你们的眼泪单葬我，这就错了。我竟不能全得了。从此后只是各人各得眼泪罢了”。所谓“各人各得眼泪”，正是回目中所谓“情”有“定分”之意。

宝玉在此刻是领悟了这个道理，可是多数的人并不能悟，整个《红楼梦》中的人物，其实就多半处在情与分的矛盾冲突中。单面用情虽深，也未必能得到对方的正面回应。而且有情者不必有分，有分者又不必有情，无情者可能有分，而无分者又可能有情。

作者在全书开卷时就借补天石、绛珠草、神瑛侍者、《好了歌》和太虚幻境的册词与曲子透露了各主角的定命和缘分，全书绝大部分写的也是情义与分命不相协调的周折。要经历过许多周折之后，才能证明天数命定不可违，本来就是如此。以此见人对抗天数定分只是徒然。

一僧一道把顽石携到红尘中去经历一番富贵温柔时，知道了这些分命；后来一再出现，也只是象征那分命的永远纠缠，象征天命定数不可逆。

为了强化天命定数的论述，小说中更是屡用算命来推展情节。最著名的是第五回金陵十二钗正册写元春的词："三春怎及初春景，虎兔相逢大梦归。"八十六回周贵妃之死讹为贾妃时，宝钗说："前几年正月，外省荐了一个算命的，说是很准的。那老太太叫人将元妃八字夹在丫头们八字里头，送出去叫他推算。他独说：这正月初一日生日的那位姑娘只怕时辰错了，不然真是个贵人，也不能在这府中。老爷和众人说，不管他错不错，照八字算去。那先生便说：甲申年正月丙寅，这四个字内有伤官败财，惟'申'字内有正官禄马，这就是家里养不住的，也不见什么好。这日子是乙卯。初春木旺，虽是比肩，那里知道愈比愈好，就像那个好木料，愈经斫削，才成大器。独喜得时上什么辛金为贵，什么巳中正官禄马独旺：这叫做飞天禄马格。又说什么日禄归时，贵重得很。天月二德坐本命，贵受椒房之宠。这位姑娘，若是时辰准了，定是一位主子娘娘。这不是算准了么？我们还记得说可惜荣华不久，只怕遇着寅年卯月，这就是比而又比，劫而又劫，譬如好木，太要做玲珑剔透，本质就不坚了。”这一大段，就是对“三春怎及初春景，虎兔相逢大梦归”的命数解释。

元春亦终去世，这是藉薛宝钗之口转述了“前几年”算命先生给元春算命，说了一大堆算命的术语，以说贾府“可惜荣华不久”。这是元春生辰八字决定的，亦是预示贾府这个富贵之家将“树倒猢狲散”“食尽鸟投林”。

把兴衰看遍

谈到中国小说，当然每个人各有喜爱、各自推崇，《红楼梦》的读者尤其狂热。

但若说哪种小说最具中国特色、最重要，那就非讲史通俗演义莫属。

为什么？

一、符合民族性的讲史

因为民族性！中国人对历史的重视及历史感，原本就远甚于欧洲、印度。

而历史的戏剧性又最甚，世事沧桑、朝代兴亡，比任何编剧家编的戏都更动人心弦。

相较之下，古印度文明却无历史观、无历史意识，也无历史著作。谈起时间，辄言若干劫，要不就是电光石火一刹那，年月日时均不明确。谈生命，辄言轮回流转若干世，也不明白某事究竟在某世的某一年。

希腊文明，则是反历史的（untinistorical tendency）。哲学家们不关心历史，只关心永恒、探求本质，在教育中历史亦无地位。

故这两大文化体系在传递一种类似我们的历史叙事及知识时，只能采用神话的方式。中国则反是。古代神话本来就不发达，就算有少数神话，亦迅速历史化，蓬勃发衍为“讲史”的庞大传统。

因此若要谈中国小说，首先就要从这个传统讲。不幸民国以来，论者皆受西方文化影响，硬要“改造国民性”。撇开了稗官野史、巷语街谈这个源头，另以神话与传说为源，对于此后小说诸流，亦薄厌讲史演义，鄙征史而崇虚构。

如胡适就认为《三国演义》没有文学的价值，无法出奇出色。鲁迅对《三国》亦无好评，甚且说由神话到志怪传奇到小说，标示着小说真正的形成，即是从历史到小说；可是唐代以后反而倒退回去，混杂于历史的讲史演义，乃是退化之证据。

在中国社会流传久远、影响巨大的《三国演义》乃至整个讲史演义文类，在他们的论述中，竟只有负面的价值，足见荒唐。

二、被转化的野史

《三国演义》之价值，不但在于它代表了讲史演义这一文类，彰显中国小说特质，更在于它代表了小说从“说”逐渐转化到“说书”的过程，是口语表演和文藻化、文士化、文学化的结合，也是巷议街谈的野史传统和正史书写传统的结合。其他小说名著或类型，都没这种地位。

根据李商隐诗，可知唐人就爱听说三国。宋代说话人，亦以讲史为最大宗。这时，都仍是语言艺术。

南宋以后，“话本”渐兴，说乃向文过渡。明朝则文藻化、文士化、文学化日甚。而且，自弘治、正德年间开始，文坛复古，嘉靖、万历继之，小说戏曲纷纷托古改制，所谓“古本”大量出现。

这是个关键的时代。这一时期，出版家、小说家们忽然找出了那些尘封日久的“古本”，纷纷加以整理改编并出版。通过改编“旧本”而来的作品问世后，自身也就成了旧本，被别人不断改编。

如《列国志传》，其中就有余邵鱼、余象斗改编的痕迹，冯梦龙再改编成《新列国志》，蔡元放又据以修改并加批评成《东周列国志》。

两汉系列小说，在《两汉中兴开国传志》和《全汉志传》之后，又有甄伟《西汉通俗演义》和谢诏的《东汉通俗演义》。

即使《三国志通俗演义》，在明末也有多种版本，改来改去，直到清初毛纶、毛宗岗父子评点《三国演义》时，还大幅增删，这才成为后世流行的定本。

改编是既托古又改制的。具体的情况，可以著名改编家熊大木编《大宋中兴通俗演义》为例。

古有小说《武穆王精忠录》，他得到了个浙刊本。这个本子笔墨文雅，一般人不太看得懂。似乎这个浙本，并不是小说，而是一本资料性质的书，或许类似《宣和遗事》。而熊大木则是应书坊清白堂主人杨涌泉之请，按照岳飞本传以及《通鉴纲目》，重新“以王本传行状之实迹，按《通鉴纲目》而取义”，编撰成《大宋中兴通俗演义》。

为什么编一本通俗读物，仍要谨慎地依据史传及《通鉴纲目》呢？

三、史学通俗化的趋向

讲史，本是宋代说话人之一支，又称“讲史书”。故《都城纪胜》谓：“讲史书，讲说前代书史文传、兴废争战之事。”《梦粱录》亦称：“讲史书者，谓讲说《通鉴》、汉唐历代书史文传、兴废争战之事。”

可见“讲史”从源头上，就是把史书上的事讲给不识字或略识字的群氓听，是史学通俗化之一法。所根据的，则是史传及《通鉴》。

这种历史知识的通俗化传播，乃是唐宋史学发展的总体动向之一。

唐代就逐渐出现了一些通俗的历史著作，如元和间高峻著《小史》，大中间姚复康撰《统史》，均便于初学。晚唐时胡曾、周昙等人的咏史诗，亦曾被当时人逐篇加注加评，援引村书俗说，杂以俚语，作为训蒙课本之用。到宋代司马光时，还出现了《十七史蒙求》这样的通俗读物。

南宋朱熹《资治通鉴纲目》，更是力求简要。采用编年叙事，先以大字书概括的提纲，其下以分注的形式详叙细节，故称纲目，成为后世通俗史书竞相仿效的体裁。

与朱熹同时的吕祖谦又有《十七史详节》，“盖其读史时删节备检之本，而建阳书坊为刻而传之者”。现存此书宋元间刊本多达十余种，可见当时流传之广。

当时讲史艺人多以解元、进士、宣数、书生、万卷等为艺名，标榜博学，自附于文人之列，以示与其他说话人不同（其他说话人通常则只有一些普通绰号）。

《醉翁谈录·小说开辟》云：“夫小说者，虽为末学，尤务多闻。非庸常浅识之流，有博览该通之理。幼习《太平广记》，长攻历代史书。”即以此故。

四、平话已非民间说书人话本

由这整体动向上看，讲史之发展乃是两条线的合力。一是自古小说本来就属于稗官野史，出于民间的巷议街谈，而这种口语说故事的形态，后来因要诉诸文字，乃自然而然地朝文书型史册类化；二是文人学者有意将史学著作和历史知识向下普及，编为小说戏曲。一是由下往上，讲史艺人自居士流，说书拟同史述；二是普及、教化，警世劝俗，由上往下。

两方合力，当然声势大振。

元代讲史。王沂有两首《虎牢关》，记述了元代说三分的内容；胡祇遹有《木兰花慢》赠歌妓一首，内有“又如辩士遇秦仪，六国等儿嬉”之语。王恽有《鹧鸪天》词赠女艺人高秀英，她表演的正是“由汉魏，到隋唐”的讲史。杨维桢《送朱女士桂英演史序》则说此女：“善记稗官小说，演史于三国五季。因延致舟中，为予说道君艮岳及秦太师事。”

但除此之外，元代讲史的具体情形，没有什么材料可以佐证。唯讲史平话之大量刊印，可以由侧面看出讲史之盛。

现存平话虽然只有至治新刊《全相平话五种》等，但《永乐大典》就收有平话二十六卷，而《全相平话五种》本身也显示它是一个系列。至少，在《乐毅图齐七国春秋后集》之前，必是前集，在《吕后斩韩信前汉书续集》之前，也必有个正集。另外，《新编五代史平话》《宣和遗事》，都可能是在元代刊印的。

平话又作评话，以区别于话本中的词话、诗话，即指不加弹唱和伴奏的表演形式。

平话中虽然也有诗赞韵语，但都只用作评论或描写战斗场面，渲染环境气氛，而不是出自人物之口，和《大唐三藏取经诗话》《大唐秦王词话》等不同。

平话源于宋元说话中的讲史，但其性质已变。不再通过艺人的声口、动作、表情，而是以书面文字的形式，由阅读来完成创作与接受的过程。故不能把平话看作说唱的讲史话本。

平话的语言，和其他话本小说也有明显的区别，是一种简单的文言文，而不是所谓白话。它的分卷形式更是沿袭古代书籍的编辑形式，而不是说话人讲史能有的。

由内容上看，《五代史平话》主要根据《资治通鉴》，也参酌了新旧《五代史》。有时直接抄录《通鉴》原文，有时据以改写。

在采录《通鉴》时选择了较多富有戏剧性的内容，如战争场面；增加了一些表状书诏和诗词题咏，叙述文字也作了通俗化的处理。其结构分梁、唐、晋、汉、周五部，每部又分为上下两卷，每部有目录。这明显是学新旧《五代史》的体例。正文的叙事，更是按照《资治通鉴》的编年体。

因此，我认为：平话并不如过去的研究者所说是民间说书人话本，而是文人书写编录以做通俗推广的史述。

这也是这类史述都严格依据《通鉴》的原因。

五、演义：演《通鉴纲目》之义

明人已很少提到讲史，代之而起的是“演义”。

此词出自《后汉书·逸民传》，晚唐苏鹗将此词作为书名，著《演义》十卷。明代小说以演义为书名者，自《三国志通俗演义》始。

今所发现最早的《三国演义》为弘治甲寅（1494）庸愚子蒋大器序、嘉靖壬午（1522）修髯子张尚德作引的本子。其后蔚为流行，如《东西汉通俗演义》《东西晋演义》《大宋中兴通俗演义》等极多。其后历史演义代有所作，直至民国，还有蔡东藩编的《列朝通俗演义》。

此等书，有时还称志传。如嘉靖二十七年（1548）叶逢春刊《三国志传》，全称为“新刊按鉴汉谱三国志传绘像足本大全”，版心则简称“三国志传”，而各卷题名，作“新刊通俗演义三国志传”（卷一）、“通俗演义三国志传”（卷二）等。其他小说，也有混用演义与志传的，如《开辟演绎通俗志传》又作《开辟演义》，《列国志传》又名《新刻京本春秋五霸七雄通俗演义》，《全汉志传》又名《新刻按鉴编集二十四帝通俗演义》，《隋唐演义》又名《唐书志传通俗演义》。

志传之名，源自《史记》，是后世正史的标准体例。另外，“传”的本义是解释，如《春秋》三传，就是对《春秋》史事的解释、补充，与“演义”的本义略同。小说而名志传，与号称“按鉴”的用意差不多，都是强调小说内容谨按史书，尤其是谨按《通鉴》，有根有据。

《新刻按鉴编纂开辟演绎通俗志传》《新刻按鉴通俗演义列国前编十二朝》《按鉴演义全像列国评林》《按鉴增补全像两汉志传》《京本通俗演义按鉴全汉志传》《新刻汤学士校正古本按鉴演义全像通俗三国志传》《全像按鉴演义南北两宋志传》等，都有按《通鉴》或《纲目》增补修订之意。另外有的虽然没说按鉴，而称“按史”，意思差不多。

“按鉴”改编的风气，除了受《三国志通俗演义》影响，也与明中叶以后史学界的动向有关。

宋亡以后，史学步入低谷，元代外族入主，所修《宋史》，甚为芜杂。入明以后，史学逐渐复兴。嘉靖十五年（1536），乃有重修《宋史》之议，以后陆续有修订《宋史》的著作问世。影响较大的，是柯维骐的《宋史新编》。

其他各朝史，也多有删补、注释。编年体史书，则有邱濬《世史正纲》、许浩《通鉴纲目前编》、南轩《通鉴纲目前编》、薛应旂《宋元资治通鉴》等。

六、历史真实性的强调

了解了这个大环境，我们才可以明白当时的演义何以特别强调历史真实性。庸愚子《三国志通俗演义序》说："若东原罗贯中以平阳陈寿传，考诸国史，自汉灵帝中平元年，终于晋太康元年之事，留心损益，目之曰《三国志通俗演义》。文不甚深，言不甚俗，事纪其实，亦庶几乎史。"

清人曾批评此书仍不免夹杂了三分虚构，但其实它对《三国志平话》中违背史实、过于荒诞不经的内容已予大量删改，提高了历史真实感，庸愚子的论点正是揭示了这一特色。

但可观道人为《新列国志》作序，又指摘《列国志传》不符史实，并就冯梦龙的改编，提出了历史演义的创作原则：

本诸《左》《史》，旁及诸书，考核甚详，搜罗极富，虽敷演不无增添，形容不无润色，而大要不敢尽违其实。凡国家之兴废存亡，行事之是非成毁，人品之好丑贞淫，一一胪列，如指诸掌。

可见此一观点是不断在强化的。历史演义书名前题有“按鉴”或“志传”，以史著自居，即以此故。

在具体创作时，作者亦勤于搜罗史料，杂以考据，常常以按语的方式在叙述情节的同时辨证史实，俨然史家笔墨。

章回体的形成也和编年体和纲目体的史著体裁有一定的关系。如《大宋中兴通俗演义》凡例称“大节题目具依《通鉴纲目》”。每卷卷首标明本卷起迄时间，亦仿《纲目》体例。在叙事模式上，打破了平话单线发展的情节结构，而采用头绪众多的叙事方式。和平话相比，表、章、奏、书亦大量增加，有的且直接从史书中辑录，并引用史家和其他文人的论赞题咏。其叙事语言亦是浅显的文言，有的且直接从史书中过录。

在明代长篇通俗小说的几种类型中，历史演义是形成最早、作品最多的。甚至还可以说：历史演义的风行，带动了其他通俗小说的创作。因此上述种种，亦是了解明代其他小说的基础。

这其中，最重要的当然是《三国志通俗演义》。此书，比天都外臣序《水浒传》（万历十七年，1589）、世德堂本《西游记》（万历二十六年，1598）、《金瓶梅词话》（万历四十五年，1617）要早半个多世纪，比明代其他历史演义小说也要早得多，实开明朝通俗小说刻印之先河，也是其他长篇小说之范本。

在《三国志通俗演义》问世之前，并无堪称长篇小说的文学体裁。

从《三国志通俗演义》的书名和题署看，显然即是以小说作为《三国志》的“传述”之作。所利用的史料文献，除陈《志》、裴《注》和《后汉书》外，还包括不少野史笔记、吕祖谦的《十七史详节》、《资治通鉴》和《资治通鉴纲目》，并可能参考了袁枢的《通鉴纪事本末》。

有的明刻本标明“按鉴”，万卷楼本《新刊校正出像古本大字音释三国志传通俗演义》卷一结束语：“起汉灵帝中平元年甲子岁，至汉献帝初平三年壬申岁，共首尾九年事实。”以下各卷同此格式，便是明显模仿《资治通鉴纲目》的。

此外，《通鉴》通常在重要人物初次出现时介绍其生平，在人死时给予总结性评论，这是编年体和纪传体结合的记叙方式。《三国志通俗演义》亦然，有不少内容直接取自《通鉴》。

如《通鉴》叙皇甫嵩讨黄巾时与曹操会合，记曹操事始此。另引用《三国志·魏书·武帝纪》和裴注中孙盛《异同杂语》等材料，介绍了曹操的出身、性格和时人对他的评价。《三国志通俗演义》卷一叙曹操初次出场，也是和皇甫嵩会合，并按《通鉴》体例，叙曹操身世。在《通鉴》的大框架下，《演义》还引用了裴松之注中所载的几个小故事。

这段插叙长达六百多字，跟故事连贯，乃是模仿《通鉴》而增入的。在《三国志平话》中曹操出场的时间就较晚，也无对他身世、性格的介绍。

又，史书的特点之一，就是附载重要文献，如诏、令、疏、表、书等。《三国志通俗演义》亦然，《通鉴》及陈《志》、裴《注》所载文献大多被它引用。有的全文照抄，有的稍加增减，显然有意追摹史书的行文特点。

《三国志通俗演义》中还有大量的注释，这也是讲史平话和其他类型通俗小说没有的。

嘉靖本的注释用双行小字列于相应的正文之后，其他版本如联辉堂郑少垣刊本《三国志传》、汤宾尹校本《三国志传》往往在双行小字注前加参考、补证、补订、考证、补遗、发明等字样。这也是有意模仿《三国志》《资治通鉴》《资治通鉴纲目》等史著的结果。

《三国志》裴松之注、《资治通鉴》胡三省注都十分著名，元明以来这两部史书都和注文密不可分，一起刊刻。《三国志通俗演义》的作者、整理、刊印者在参考史料的同时，也效仿了史著正文中夹注的刊刻形式。

又有时直抄史书，连带把史书的注释也抄了下来。如卷三“吕温侯濮阳大战”叙陈宫说吕布用兵，其说辞大段抄《史记·淮阴侯列传》，连注解也录入了。

凡此各端，均为后来者所效仿。

七、从历史演义到时事小说

从嘉靖本《三国志通俗演义》问世到万历之前，刊印的历史演义有以下几种：

《皇明开运英武传》，嘉靖十六年刊，郭勋等编撰。

《新刊大宋中兴通俗演义》，嘉靖三十一年杨氏清白堂刻本，第一卷题作“大宋演义中兴英烈传”，以下各卷则题为“大宋中兴通俗演义”，熊大木编。

《唐书志传通俗演义》，嘉靖三十二年杨氏清江堂刻本，熊大木编。

《全汉志传》，题“万历十六年秋月书林余氏克勤斋梓”。但《西汉志传》卷一题“京本通俗演义按鉴全汉志传”，署“鳌峰后人熊钟谷编次，书林文台余世腾梓行”。可知同为熊大木所编，其初版时间应该相近。

《列国志传》，有八卷本和十二卷本，内容则基本相同。八卷本余氏双峰堂刻本题作“新刊京本春秋五霸七雄全像列国志传”，署“后学余邵鱼编集，书林文台余象斗评梓”。书前有万历丙午（三十四年）余象斗重刊的序。

这些都是参照史书而对古本、旧编进行修改的，办法皆仿《三国志通俗演义》。《新列国志》冯梦龙描述：“旧志事多疏漏，全不贯串，兼以率意杜撰，不顾是非，如临潼斗宝等事，尤可喷饭。兹编以《左》《国》《史记》为主，参以《孔子家语》《公羊》《穀梁》《晋乘》《楚梼杌》《管子》《晏子》《韩非子》《孙武子》《燕丹子》《越绝书》《吴越春秋》《吕氏春秋》《韩诗外传》、刘向《说苑》、贾太傅《新书》等书，凡列国大故，一一备载，令始终成败，头绪井如，联络成章，观者无憾。”即为一例。

除了参照史书对“古本”进行修改外，后来的作者更模仿《资治通鉴》和《资治通鉴纲目》，新编撰了几种历史演义，隐然有填补空白、形成系列的意图。

如《列国前编十二朝传》，余象斗编。乃是他重刊余邵鱼《列国志传》后新编的，所以名之为《列国前编》。

崇祯年间还有《盘古至唐虞传》，题钟惺编。结尾处，有书林余季岳的识语：“迩来传志之书，自正史外，稗官小说虽辄极俚谬不堪目睹。是集出自钟、冯二先生著辑，自盘古以迄我朝，悉遵鉴史通纪为之演义，一代编为一传，以通俗谕人，总名之曰《帝王御世志传》。不比世之纪传小说，无补世道人心者也。”

又有《新锲重订出像注释通俗演义东西两晋志传题评》，分西晋四卷、东晋八卷，以时代先后顺序叙述，上接《三国演义》，下止于刘宋。内容基本上依据正史，间采野稗笔记，所用大抵是文言，跟它直接采录史料有关。

此法，也催生了多种明代的时事小说。

时事小说本不能算历史演义，但这些小说确实是以历史演义之编撰手法创作的。

如《魏忠贤小说斥奸书》写魏忠贤，从万历十六年（1588）起，到崇祯元年（1628）止，编年叙事，每回均标出事件发生的时间。在凡例中，作者自述：“自春徂秋，历三时而始成。阅过邸报，自万历四十八年至崇祯元年，不下丈许。且朝野之史，如正续《清朝圣政》两集，《太平洪业》《三朝要典》《钦颁爰书》《玉镜新谈》凡数十种，一本之见闻，非敢妄意点缀，以坠于绮语之戒。”则竟是以通俗文体作史了。

总之，小说家托古改制，或依托旧抄，或改编古本，而皆遵循古史，以作通俗之篇，用以教化氓愚。《三国志通俗演义》的开创性典范及按鉴的写作方式，凸现了这类小说的主要价值，是对历史知识的普及，以及以史为鉴的教化劝诫意义。

古史成熟的叙事本领也为小说叙事提供了很好的凭藉，使得它削弱甚至消除了民间讲史的影响。不光是删改其内容，也力图改变其文体和叙事方式。演义，就是改造讲史而产生的新文体。

这种小说或文体，不是用西方或现代小说概念所能掌握的。鱼怎能长出翅膀来？西方没有“正史”这个体系及史学传统，自然不能有这并购了野史的新史学。而这新史学，健翮摩天，到现在还生命力旺盛，兀自回翔在中华大地上。今后史学的传播，还得靠它们，不能期望学院里的史学科系了。

从龚自珍到黄遵宪

2019年己亥是龚自珍（号定庵）年，有人仿作《己亥杂诗》，有人写书、发文或开会谈论他，好生热闹。

但熟题也不一定好作，刚上市的王德威主编哈佛版《中国现代文学史》中译本中，宇文所安（Stephen Owen）写的《晚期古典诗歌中的彻悟与忏心》就不免翻了车。

他说晚清仕途很窄。1820年龚定庵落榜，1828才进士及第。但由于殿试失利，只能闲置内阁，依存于此一无所事事之制度中。

这都是开口即错的。清朝的进士考试就称为殿试。考上的，统称进士。内中又细分为：一甲进士及第、二甲赐进士出身、三甲同进士出身。所以没有宇文所安以为进士及第后“尚须通过殿试”这回事。

而龚定庵去内阁，也非殿试失利的缘故。进士只是入门资格，所有考上的进士还需要参加朝考，考作官所须要的论、诏、奏议等。

其中，擅长文学、书法的，可留下备用，称庶吉士；其余分发为主事、知县等。庶吉士又要在翰林院教习馆接受培训，肄业三年。然后参加散馆考试，也就是毕业考。优良者，可授为编修、检讨等。其余分为部任主事或各省知县等。那些原先就授给为知县的，其实也还须要候补候选等过程。制度很复杂，不是现在人想象进士一考上就能荣登大官的。

龚是殿试三甲第十九名赐同进士出身，故也不是一甲那种“进士及第”。他殿试后参加朝考，奉旨以知县用，其实算是不错的待遇了。但他不愿离开京城权力中心，所以自呈请仍归中书原班。至道光十五年（1835）始擢宗人府。十七年（1837）宗人府京察一等引见，奉旨记名充玉牒馆纂修。官三月，改礼部主事，祠祭司行走。四月，补主客司主事，仍兼祠祭官。选湖北同知，不去，故仍还原官。

研究龚定庵的人，当然都惋惜他职小俸薄，颇屈大才。可是你看我解释就知道当时常态如此，龚并非仕途特别不顺。而且，前面说过，朝考后分为主事、知县者，辄有候补候选多年，终不得一官的。终身不得官的，也大有人在。而朝考后以庶吉士入翰林院学习的更多。散馆以后，其优等也不过为翰林院编修或检讨，或则再发入各部任主事。龚朝考后即得授知县，际遇已经很好了。他不愿去，仍请归中书原班，则可见在京优于外派。后来入宗人府、入玉牒馆、入祠祭司，更可看出他在做官这件事上别辟蹊径之巧。宇文所安不熟悉清朝制度，也不熟悉龚氏生平，故替人嗟惋，胡乱发挥啦！

至于诗，宇文所安说定庵之诗已不是古典诗，具有现代性。因为传统语言与世界都崩塌了，古典诗文已经不能表达崭新的世界，所以即使定庵自己，道光二十年（1840）以后的诗也多平庸云云。我当然也是不赞成的。

下面，讲一点我对龚定庵和晚清维新人士关系的零碎意见。

1. 维新诗人与诗风

晚清民初，经定庵而入中晚唐者外，别有二派，一为南社诗人，一为黄遵宪、康有为等。

梁任公《清代学术概论》尝曰，“光绪间所谓新学家者，大率人人皆经过崇拜龚氏之一时期”，于诗尤然。汪方湖《近代诗派与地域》言：“当南海以新学奔走天下之时，文则尚连犿而崇实用，诗则弃格调而务权奇。其才高意广者，又喜摭拾西方史料、科学名词，镕铸篇章，矜奇眩异。其造端则远溯定庵，其扩大则近在康梁，其风靡乃及于全国。”盖当时不被风气者，仅张之洞及梁节庵、李详等寥寥数人而已。

张之洞于庚子之乱后入京，作《学术》一诗，曰：“理乱寻源学术乖，父仇子劫有由来。刘郎不叹多葵麦，只恨荆榛满路栽。”自注：“二十年来都下经学讲《公羊》，文章讲龚定庵，经济讲王安石。皆余出都以后风气也。遂有今日，伤哉！”此可证当时龚学之盛。江标任湖南学使，即以“龚学”名斋矣。

吴雨僧《余生随笔》谓：“如梁任公，其三十以前作，固处处形似；即近年作，皆定庵之句法也。又，集定庵句互相赠答，亦成一时风尚。近经南社一流，用之过多，遂益觉其可厌，余幼年亦躬自蹈之。”可见其风会焉。

然亦有反对者，如李详即特厌定庵，又薄江西，故云：“道咸以降，涪翁派曼延天下，又以定庵恢奇鬼怪，淆乱聪明弟子，如聚一丘之貉，篝火妄鸣，为详为制，至于亡国。”其实清末之喜定庵者，乃维新一派及主革命之南社，曰以之亡国是也，曰以此而得维新与革命亦是也。

2. 黄公度学龚定庵

康梁学定庵，世甚稔之，黄公度学定庵，则或忽之。然公度之学龚，痕迹未化，不难举似。

如定庵有《己亥杂诗》三百六十首，公度亦有之，略为一生小影。

又有《岁暮怀人诗》《续怀人诗》及《己亥续怀人诗》，皆仿定庵怀人馆词之例，遍咏同时交游朋辈。

且康梁与定庵皆今文家，公度亦主今文，《喜闻恪靖伯左公至官军收复嘉应贼尽灭诗》“终累吾民非敌国，又从据乱转升平”可证。尤炳圻所撰黄氏年谱，引《新民丛报》公度《壬寅论学笺》所谓太平世必在民主，及丘逢甲《寄怀公度二首》之一“一卷公羊宜起疾，先春重与订王正”亦可证也。

3. 世人不解公度诗

今人喜张黄公度“我手写我口，古岂能拘牵”之说，又引其《人境庐诗草·自序》以自饰。奚止愦愦，直瞽说耳。

《人境庐诗草·自序》曰：“仆尝以为诗之外有事，诗之中有人；今之世异于古，今之人亦何必与古人同。尝于胸中设一诗境，一曰复古人比兴之体；一曰以单行之神，运排偶之体；一曰取《离骚》、乐府之神理而不袭其貌；一曰用古文家伸缩离合之法以入诗……”此光绪十七年（1891），四十四岁时之说，后并不载于集中，盖宗旨已变也。

吴雨僧搜求而得此文，录于《学衡杂志》中，世遂据此以论黄氏之自创诗界。

其实此序所言，皆属旧法，乃同光体之蹊径，非自辟诗界之创说，故夏敬观《吷庵肊说》论之曰：“以文为诗，取材避熟就生，皆是旧法。即写目前之事、目前之名物，亦理所当然。”

然同光体之为同光，又不止此而已。若伸缩离合等，概为语言形式及名物度数。言诗而津津以此为务，宁非舍本而逐末？如散原、海藏，甚至湘绮一叟之为诗，未尝不用此等法，然其勃郁清深之情、芬芳馨雅之怀，又岂仅所谓运单行于排偶、用伸缩离合之法，写眼前名物耶？公度以此言诗，适可以见其尚不知诗，而世乃据此以誉之，谬哉！

4. 公度与散原

刘大杰《中国文学史》以郑珍、金和、黄公度为晚清诗之代表，谓其他作者仍不外陶写性情，自求典雅，唯三君能记社会之情状。此不知诗，尤不知晚清诗之说也。

叶庆炳先生《中国文学史》更分三君与沈寐叟、陈散原为两派。其说亦误。宋慈抱《陈三立传》尝言散原“与鼎芬、遵宪及当世论诗尤契”，而黄公度亦不讳言愿学散原，岂可区为二派？

按：公度晚年曾语散原曰："天假以年，必当敛才就范，更有进益。"斯即《上海喜晤陈伯严》所谓"横流何处安身好，从子商量抱膝吟"之意。又《闰月饮集钟山送文芸阁学士廷士假归兼怀陈伯严》云："泼海红霞照我杯，江山如此故雄哉。马蹄蹴踏西江水，相约扶桑濯足来。"用《景德传灯录》六祖语马祖事，钦服之忱，亦可略见。

至于郑珍，《石遗室诗话》卷三固尝云道光以来诗派之生涩奥衍者，以郑珍《巢经巢诗集》为弁冕，乙庵、散原为其流派矣。别为二派，不知又何说也。

5. 郑珍与江湜诗

郑珍，字子尹，晚号柴翁，贵州遵义人，与莫友芝、江湜齐名。散原近于郑珍一路，江湜诗则海藏提倡尤力。

周梅泉《今觉庵诗存》中有诗曰："诗文遭乱例穷蹇，善作苦语凄心脾。中兴开山几巨手，巢经秋蟪胥伦魁。伏敔幽潜晚始出，异军突起张偏师。"即指郑珍、金和及江湜诗，且谓江湜《伏敔堂集》乃海藏所揄扬也。

苍虬《书江弢叔诗后》亦云："苏堪苦说江弢叔，能表幽潜意自长。教外师传空倚着，卷中天地太悲凉。仲车狷介有深性，无己赓酬稀抗行。成就若为身世定，独行此士信堂堂。"自注："后山自苏、黄后，所与交游者，多悉平流，故其酬唱不能如苏、黄之胜。弢叔所交，亦未能无所憾也。"意较周氏尤长。

大抵江弢叔得力于昌黎、山谷与后山、宛陵，略异于郑子尹之早年胎息眉山，然规摹老杜，二氏所同。弢叔七绝，尤洒落可喜；而纵笔所之，或不免于伤粗伤浅伤近。虽以此为近时论家所赏，然终非其宝也。

6. 金和诗

金和《秋蟪吟馆诗》，近世亦有诗哲之目，胡适等或诧为五百年来之奇作。其实誉非其伦。

金氏诗颇夹诽谐，于体稍卑；而遭逢世乱，特著悲愁，又过于酸苦，一蟪吟秋，其天下之哀音也。

于洪杨乱前，所作多妩媚，如“榜边帘影低迎月，楼上箫声暗堕风”（《雨后泛青溪》），绝不与乱后相似。

其后身陷金陵，目击戮杀流离之痛，始为悯乱伤时之作。序《椒雨集》自谓：“是卷半同日记，不足言诗。如以诗论之，则军中诸作，语言痛快，已失古人敦厚之风，尤非近贤排调之旨。”甘苦自知，胜似人间横论短长者多矣。

7. 金和诗集

金和诗，卷一名《燃灰集》，二十余首，自道光戊戌至咸丰壬子，自谓：“皆寥寥短章，观听易尽；其在闳裁巨制，虽偶有还珠，大抵败鳞残羽，情事已远，歌泣俱非。”是仓皇伺间，奔走流离中所作也。

《椒雨》上下集，百五十余首，多作于椒陵听雨之际，故名，然其境遇格味则与《燃灰集》无异。

又《残冷集》，乃馆于泰州、清河、松江之作，名为人师，实同乞食，残杯冷炙，因以名集。

又《壹弦集》，系佐厘捐集于常州江北东坝时作，事在簿书钱谷、驵侩吏胥之间，凡二百余首。

又《南楼集》，收未至粤及在粤焚烬之余。

《奇零集》，则自序云："十余年中，来往吴会，九耕三俭，蕲免于寒饥而已。生趣既尽，诗怀亦孤。……即或结习未忘，偶有所作，要之变宫变徵，绝无家法。正如山中白云，止自怡悦，未可赠人。乃知穷而后工，古人自有诗福。大雅之林，非余望也。……余已年垂七十，其或天假之年，蚕丝未尽，此后亦不再编他集矣。"

呜呼，此可以观金氏诗！而金诗之所以终非同光体者，倘在于此耶？

8. 诗人之穷

穷而后工，古无此说，起于唐末。残杯冷炙，古无此理，亦起于唐末。夫此可以知世变也。

汉魏六朝，诗人多为朝官贵胄，从容风雅，裙屐相高，否则则为俳优倡畜之弄臣。仕途或有通塞，穷达相去不远，才秀人微，小有悲慨而已。唐以科举选士，士非昔之贵胄矣。奋身钻求，冀博一科名，或十试廿试而不第，流连京师，奔走请谒；终不获隽，则徘徊权门，或栖为掾吏，或侧身清客，求其不穷者，百不得一。及至诸路断绝，无可寄望，乃退归乡里，为馆课老儒；或游幕四方，为刀笔钱谷师爷。盖士之出路甚隘，不过此数种而已，叹老嗟卑，正其本份。穷而后工，斯又百不得一也。

故唐代中叶以后之诗，例不脱一种酸苦气，穷则为“出门即有碍，谁谓天地宽”之诗囚；达则为“致君尧舜上，再使风俗淳”之大言。贫儿骤饱，鼓腹高歌，初无实际也。中有欢愉之言，则非“痴儿了却公家事”，则已为某公清客，可以闲看“重帘不卷留香久，古砚微凹聚墨多”矣。

黄茅白苇，一望靡余，至于金和，而为收束焉。

金和之穷，等于孟郊；遭逢乱离，又同杜甫。所谓“东风用尽开花力，吹上侬衣只是寒”（《春闺曲》），九耕三俭，蕲免寒饿，虽肆吟咏，如燃死灰，惨淡阴黑，满地秋声，诚有如其集名所示者。《和周葆淳无题诗》且云：“朱楼落尽万花枝，洗面轻轻泪眼宜。山欲望夫和土化，鸟休思妇觅巢痴。竟沉苦海终非计，便出愁城已不支。学得南朝无赖法，破家时节苦吟诗。”较黄仲则“全家都在秋风里，九月衣裳未剪裁”尤为痛切。此非金和独居苦海，盖唐宋以后诗人穷愁之通例也。

若同光则不然，诗非一己之哀戚，乃时代之写照；国家不幸，赋到沧桑，亦非某氏之穷通；抒怀感愤，实有理想与办法指寓其间，更非空为大言者。故诗至同光，为一大变，犹时自唐代中叶至道咸，道咸以后亦为一大变也。

9. 诗界革命

诗至同光为一大变，其变以湘绮之复古始，终则必为黄公度、谭嗣同等之诗界维新与革命。即公度本人，亦以复古而至于革命也。

然当时言诗界革命三杰，初不数公度，盖公度言诗之改革，时在返归嘉应以后，远较谭嗣同、蒋观云、夏曾佑为晚。

谭、夏、蒋三氏皆公羊学者，章炳麟《自订年谱》尝云：“与穗卿交。穗卿时张公羊、齐诗之说。”穗卿即曾佑字也。所谓新诗，自彼发之，而谭嗣同附和最力。

然谭嗣同《莽苍苍斋诗》二卷，题为东海褰冥氏三十以前旧学第二种，则其所谓新学之诗，面目如何终不可得而知。仅有《金陵听法诗》，不载集中，或可见其端倪，其末数语云：“纲伦惨以喀私德，法令盛于巴力门。大地山河令领取，庵摩罗果掌中论。”喀私德即 Caset，指印度种姓制度；巴力门即 Parliment，指英国议院。此非佳作，尤非坦途，夫人人知之，然固有以见其求新求变之意也。

10. 诗咏新事物

谭嗣同之用新名词入诗，与黄公度主张用切今之事物名称，正相类似。唯此乃当时诗家之惯技，且谭之拙稚、黄之粗强，皆非此中当行。

钱默存《谈艺录》尝讥公度掎摭声光电化诸学以为点缀，不能如严复、王静安之深刻。然静安诗用新事理多，用新事物少。其有用新事物新名词而能佳者，犹不在少数。

如夏敬观《哥而夫球》诗曰：“一隅之地迭小邱，学作常山蛇势修。步驾桥屋施层楼，侏儒虽捆不得游。曲柄倒置短竿头，持蹴弹丸通以沟。眼中儿戏行且休，英相老死谁复优？”谓英前内阁张伯伦也。咏高尔夫球而一力白描。

又《偕拔可直士愆悊观制水泥》曰：“泥石入炉冶，齑粉才一瞥。

大釜烧水浆，飞炭吹赤屑。鼓动陶铸之，意以倾补缺。突冒烟火中，盘旋穿凹凸。穰鞫欲聋耳，输轴累相啮。背汗浃重纩，得户即奔出。江光豁到眼，孚风已狂热。人力怪若此，乍见宜吐舌。机心固寻常，久惯破扃镉。我身坐销磨，安得似精铁？矧将天眼观，此道诚大拙。初摧坚者败，终使散者结。是物聚如山，小比蚁营垤。俯视 莞然，吾语谅非谲。”警耸灵动，洵为奇作，非公度所能及矣。

11. 公度诗之声价

近代论诗诸家，最推公度者，为梁任公《饮冰室诗话》。斯乃乡谊与维新思想之契合使然。且任公得见公度之诗，始自光绪二十二三年间，其时于诗功力尚浅，故骤睹其作，惊为奇观。厥后虽未再读公度诗，然昔年怵动之印象，常存脑际，笔之于诗话中，遂多尊美语。后辑得数十首，已觉其奇绝不如往日，然犹或以为此未必为公度得意之作也。成见误人，往往如是。

且此亦犹任公早读定庵“落红不是无情物，化作春泥更护花”，以为奇作，后始厌其浅近。读诗者与时俱进，亦往往如是也。

至于其他各家，靡不竞收公度诗者，则以全集晚出，而公度诗又多刺时事之故，潘飞声《在山泉诗话》有说。

12. 维新本于复古

公度论诗，以为无革命而只有维新，然其维新之法，实即由复古来。

《在山泉诗话》卷一云公度论诗，有宋不如唐，唐不如六朝，六朝不如汉魏之说。

如此持论，则势不推至三百篇不止。而考诸三百篇之所以为佳，又以其为妇人女子矢口而成之故。此则又不能不放而为山歌之体。欲运天籁以变人籁，杂用方言口语，成新体以别出古体也。此所以公度诗实不同于《诗经》，而转有合于乐府。

至于用功法门，则自《晞发集》出，非径学汉魏乐府者。盖我手写我口，我口中所言，但为诗料而已，要蕲能写，则恃其手腕如何。此其手段，遂不能不陶炼于古人，陈融《颙园诗话》谓其致力于古人处，功力甚深，正以此故。

言诗者或扬创新而薄法古，或主习古而咎创新，以公度例之，则二者实一体之两面耳。

13. 诗道之新旧

诗家搜罗物象，本无之而不可，所谓牛溲马勃，尽成雅言，岂有新材料旧材料之说？自妄人不知谁何者，揭出此义，世遂哄哄，若诗果不宜于用新名词，果不能写当时事；偶或用之，则以为以新材料入旧体制，如于山水画中着一飞机轮船者然。于是为马远、夏珪、四王、八大，竟只能为马、夏、四王、八大，不可于其中入一今时衣冠人物矣。于是为唐为宋为汉魏六朝，遂竟只能为唐宋六朝，不得于其间着一时代语言事类矣。

此弊自明人好用古官名地名始，以为用唐以下名物为不雅。夫雅俗自有品格，岂着一古衣冠即以为雅耶？唐宋人写秋千写玻璃，又岂非当时事物耶？公度“凡事名物名切于今者，皆采取而假借之”云云，盖即针切此弊而发。

然以此为宗旨，亦不免为矫枉过正之谈，若散原、敬观等，则依仁义行，非行仁义，不揭此为标榜也。

夏敬观《暑日斋居口占之一》：“电激风轮傍座隈，铿锵响似谷中雷。祛炎那有天然好？蘋末凉飔细细来。”咏电风扇，未尝不雅驯。《辛巳八月朔日食书感》：“地轮绕日若大舆，月轮乃似照乘珠。有时交会掩赤日，遂使下界盲惊呼。畴人预告八月朔，日被月蚀无有余。设台武彝地磁测，俯仰观察凭斯须。今兹研讨学有用，何止析破往说诬。或云众星可昼见，此语虽甚理则无。中天光气尚四射，岂彼一兔真吞乌？春秋大事日食书，是证周历多粗疏。五行立说始汉儒，持此匡主毋乃迂！牛酒赐相相自劾，何曾寅畏解修德？蠢蠢小民卫社稷，撞金伐鼓救不得。”写新学说，亦未尝无寄托。

而散原《读侯官严氏所译社会通诠讫，聊书其后》云：“悲哉天化之历史，虱于穹宙宁避此。图腾递入军国期，三世低昂见表里。我有圣人传作尸，功成者退恶可欺？蜕形范影视炉锤，持向神州呼吁之。”

《次韵答黄小鲁观察见赠》云：“别髯逾一岁，只如隔旦暮。依然蛛丝窗，茶鼎药炉驻。抵几摅衷曲，持之或有故。穷老尽气力，笑致悠悠誉。孰怜耽荣华，转以废百务！圣文见道真，涂泽乃皮傅。髯传濂学说，宁无为此惧？方今六合外，未可寻常谕。主义侈帝国，人权拟天赋。懵腾杯酒间，姑就哦断句。沉沉万鼓乱，渺渺寸心赴。江南黄篯舫，幸髯有所遇。”言天演论、军国主义等，更无所难。

感春五首，尤为公度所自出。特公度以此为标榜，且明而未融，世遂亦以此见公度；散原则取秫为酒，读者未易觉察。任公且云散原不用新异语，而醇深俊微，不独异于古人，亦与时流异。实则散原非不用新异语，用之妥帖，人不以为新异耳。

公度之明而未融，又如《己亥杂诗》《不忍池晚游海行杂感》诸诗，风调全仿龚定庵。钱仲联《梦苕庵诗话》云公度濡染于龚定庵、黄仲则及其乡人宋芷湾甚深，又于其沿袭之故，一一发举于所著《人境庐诗草注》中，是也。

鸳鸯蝴蝶派的遗产

近日娱乐大话题，是央视播出的《新天龙八部》。这是第八个版本了，从男女演员人选、妆容、剧情、道服化，到与其他版本的比较，吐槽一片。有人就问啦：一直拍一直骂，一直骂还又一直拍，为什么？

答案可以很多，底下是其中一种，从文类和近现代文学传统的角度。

一、近现代文学应以谁为主流？

“近现代文学传统”不就是鲁、巴、茅、郭、老、曹等等那一套吗？跟金庸、梁羽生这种哀情武侠小说影视剧有什么关系？

哈哈，长期以来，我们对于晚清小说和中国现代文学，都只局限在一个僵化固定而又狭窄的模式里，以西方 19 世纪写实传统为参考规范、以爱国感时为基本情怀。一谈到晚清，脑子里浮现的就是《老残游记》《官场现形记》《孽海花》之类，而对狭邪风月小说、侠义小说等着墨甚少。一谈到现代小说，更直接从鲁迅或 20 世纪二三十年代谈起，而这二三十年代却又是不包括徐枕亚、张恨水、还珠楼主、王度庐等等的。

老游戏，玩久了，弄假成真，竟根本不知大势。

大势是什么？娱乐消闲，才是清末小说及报刊艺文之大宗、正统。

研究过欧洲史的人都知道：1890 年以后，报纸的商业革命，曾使其报道及内容着重于犯罪、运动、煽情小说以迎合大众口味。而且 19 世纪末期，工人把休闲视为正当人权的新观念也普遍开始形成了。这种大众的消闲和他们在社会与经济上的势力，形成了新的大众文化。

清末的情况也是如此。报刊大量兴起，小市民、工人，成为新的读者群。传统报道国政大事的"邸报"，转型为现代谣言、琐事、八卦、绯闻充斥的媒体。朝廷太后与皇帝不合的传闻，还不如福尔摩斯探案激动人心。娱乐明星和娱乐休闲的报刊同时崛起。

从晚清到鸳鸯蝴蝶派后期，基本传播情境并无变动，因此，鸳鸯蝴蝶其实是向上联贯着晚清大众通俗文学而发展的。

反倒是新文化运动以后兴起的文学，以新的势力、启蒙的姿态，插进到这个脉络里来。一面批判此一大众通俗文化，一面筛取选择大众通俗文化中某一些作品，引为同调或推为前驱。

像商务印书馆，本来最赚钱的是林琴南《茶花女》等翻译小说，其《小说月报》，更是鸳鸯蝴蝶派大本营。但从十二卷一号起，由于“商务印书馆老板不知受了什么鬼使神差的驱使”，全面改变，成为“新文化”作家作品展示区。

这一来当然大博新文化论者的欢心。可是读者不买账，该馆接到《小说月报》读者来信数千通，都责备它不应“改良”，弄得商务不得不又再出一种《小说世界》，仍走鸳鸳蝴蝶派的风格。

看到商务自弃阵地，其他小书坊立刻“雇上几个斯文流氓，大出其《礼拜六》《星期》《半月》《红》《笑》《快活》，居然大赚其钱”。

又如《申报》副刊，自创刊起，即由鸳鸾蝴蝶派巨子王钝根主编，后来陆续由吴觉迷、姚鹓雏、陈蝶仙、周瘦鹃接编。到了1933年12月，始由留法归来的新文学作家黎烈文主编，左翼作家全部上场，鸳鸳蝴蝶派大感吃瘪。可是到次年5月25日，黎氏就受不了各方压力，发表启事：“吁请海内文豪，从兹多谈风月，少发牢骚。”

二、鸳鸯蝴蝶派的遗产

换言之，我们现在通行的近现代文学史，是新文学、左翼文学陆续向通俗文学、鸳鸯蝴蝶派进攻后逐渐“建构”起来的，不符当时之大势与真相。对于从晚清绵延到抗战以后，作品繁多、时间长久，而又拥有广大读者的鸳鸯蝴蝶派，也极不公平。

但吃亏的是我们自己。因为晚清以来的小说，其实是极为丰富的，例如风月小说直指社会中下层，将恩客倡伎的关系美化为才子佳人的来往，假戏真作，颠倒夹缠，显现出复杂而暧昧的世俗感情面貌，基本上也是写实的。

而黑幕小说里喧闹戏谑的成分，往往积累了荒谬放肆的故事、恣意诋毁的人物与时事，以及特殊松散的结构。这一笑谑式写实的闹剧（farce）特质，在中国也是极罕见，且值得注意的。

这些，都可以丰富我们之所谓“写实”的传统，促使我们对写实主义这个观念的历史渊源、美学形式导向乃至文化政治因素，重新思考。

除此之外，鸳鸯蝴蝶派跟浪漫主义文学有没有关系呢？他们对于拜伦的崇拜、对感情的夸张与耽溺、热心批评或嘲弄社会的不义以谋改革等等，似乎都与浪漫主义有关。

这跟那时林琴南等人翻译法人小仲马《巴黎茶花女遗事》、英司各德《撒克逊劫后英雄略》之类，两相结合，曾经造成中国小说史上特殊的光彩。鸳鸯蝴蝶派中，如姚民哀、周瘦鹃等，对浪漫主义文学，似乎也都很注意，周并有翻译甚多。

浪漫主义文学中，第一人称叙述的使用和言情小说之流行，亦是现今值得再予深论的问题（第一人称叙述小说，在当时翻译小说中甚多，中国则以《二十年目睹之怪现状》为首。谴责小说以外，则推徐枕亚《雪鸿泪史》。其他鸳鸯蝴蝶派中日记式、自传体小说甚多，皆可合并讨论）。

在侦探小说方面，鸳鸯蝴蝶派更是独揽开拓之功。早期译述者以林琴南、包天笑最著名，其后如严独鹤、周瘦鹃、张碧梧、陈冷血、陆淡庵等亦皆知名。今天推理小说复苏，而多取径于日本，正是由于我们对自己这一路侦探小说传统不甚熟悉的缘故。

三、通俗文学之再思

更进一步说，研究鸳鸯蝴蝶派，可以让我们更深入去思考文学与通俗文学的问题。

例如人们总有种根深蒂固的信仰，认为通俗文学既要通俗，文字定须浅白，乃能动人。但是像《玉梨魂》这样的小说又怎么解释？《玉梨魂》以骈文出之，又收有大量文藻繁丽的诗词函札，可是它轰动一时，极受欢迎。

类似《玉梨魂》这样的例子，所在多有。夏济安曾将这些小说比为基督教中古时期的通俗文学 romance。而 romance 的特色，是它的人物与故事能够抓住老百姓想象力，形式并不重要。因此中国的才子佳人故事，可能成为戏剧、弹词、大鼓等，也可能成为小说的形式。中世纪的 romance 也是忽诗忽散文，并无一定。夏先生的解释，未必即为定论，但起码鸳鸯蝴蝶派作品提供了一个很好的反省机会。

至于通俗与严肃，不仅是文学批评上长存的争论，也是探讨鸳鸯蝴蝶派必须深究的大问题。林培瑞（Perry Link）是第一位以英文研究鸳鸯蝴蝶派的学者，他就把它们视为通俗小说，缺乏“五四”以及后来新小说所具有的艺术严肃性。

但所谓艺术的严肃性，其实是极复杂的问题：创作动机方面，严肃与否，甚难征验；作品的读者层面，亦往往无法据以界定其性质；何况，鸳鸯蝴蝶派之为大众通俗文学，与都市工业形态社会未成形以前的通俗文化不同，它与大众媒介及商业消费之间的关系，是从前的通俗文学所没有的。

晚清以来，大众文学与大众媒介的关系，远比过去复杂，《火烧红莲寺》是电影媒介与大众通俗文学《江湖奇侠传》的结合；《玉梨魂》也在 1924 年搬上银幕。直到今日，大众通俗文学跟电影、电视的关系，仍比所谓严肃的文学作品密切；古龙、琼瑶等人配合电视、电影作业的写作方式，即是这一形态下的产物。金庸、梁羽生小说如今一再翻拍，《倚天屠龙记》电视剧已九版、《天龙八部》已八版，电影都还不算。对此，细致而深入的探讨，可能也有助于厘清我们今天面对当代通俗文学通俗文化的观念和策略。

又，通俗文学的问题，在此可能还要跟 20 世纪 20 年代开始展开的民俗研究、近代通俗文化与上层文化之比较等合并讨论。郑振铎《读者社会的改造》及 Herbert J. Gans《通俗大化与上层文化》均可供我们参考。

从作品本身来说，鸳鸯蝴蝶派在文学艺术上的贡献，是不容抹煞的。不仅在侦探、武侠等文类方面，成就超越往古，哀情及黑幕小说，亦有惊人的成就。

王德威曾指出谴责与黑幕小说的笑谑式闹剧，是晚清以降值得注意的一大特色。夏志清则认为《玉梨魂》这样的小说，代表了中国旧文学中一贯的“感伤—言情”（Sentimental-erotic）传统之最终发展。夏济安更有意思，他说：

> 最近看了几本张恨水的小说，此人是个genius。他能把一个 scene 写活，这一点台湾的作家就无人能及。……最近看了《歇浦潮》，认为美不胜收；又看包天笑的《上海春秋》，更是佩服得五体投地。……我希望你能一读《海上花列传》，是书实有苦心造诣之处。清末及民国的章回小说，颇有佳作，超过《儒林外史》和《金瓶梅》者，可惜不受人注意，惜哉！

他当然也不讳言鸳鸯蝴蝶派的缺点，可是类似这样的评价，颇值得今日研究小说者注意。

四、写作艺术之考察

即使不论小说写作艺术之成就，鸳鸯蝴蝶派在形式上的开阔与复杂，不但跟“五四”以降所谓新派小说比起来毫不逊色，对传统小说来说更是一大突破。

“五四”以后新文学对白话和写实的迷信，事实上乃是一种语言运用及写作形态的窄化，而鸳鸯蝴蝶派文家却擅于操作古代韵文散文的每一种形式，并旁采苏州方言，融铸传统白话，参酌西方小说语言（他们许多人都有外国学问的背景，动笔译过外国小说，不然，也读过晚清的大量外国小说译作），故其语言的丰富性，不仅非传统小说可比，也非“五四”时期新作家所能及。

而在形式上特别有趣的，可能是他们常吸收了传统的圈点批注方式来写作。

本来批点只代表读者对小说的诠释和阅读成果，有时也供作其他读者阅读时的参考与指导。晚清张之洞和“五四”的胡适，都曾反对过它，嫌它见解主观机械。但晚清却开始有一种新的趋势：在自己新创写的小说中自我评点，肇端者是梁启超《新中国未来记》和吴沃尧《两晋演义》。

从此以后，评点的性质与功能改变了，传统的批点式微，不再有人从事，新的趋势却被鸳鸯蝴蝶派扩大推衍。

他们的小说，通常在一出版时，即具备了凡例、读法、题词、本文、圈点、眉批、评注、回末评语及书末总批等部分，这许多部分是有机地构成一个整体，不能拆开，甚至有时批注即为小说本文的一章。这样的方式，如果用现今流行的解构批评（deconstruction）来阅读，无疑也是极为迷人的。事实上，金庸武侠小说也特意做过一套评点本，我自己则参加过古龙评点本的写作，其渊源应从此处寻觅。

五、遗产何时开新篇？

最后，回到题目。

鸳鸯蝴蝶派是个总称，其中包含了各种传统和新创的文类。但既以“鸳鸯蝴蝶派”被人指称，自与它偏于鸳鸯蝴蝶有关。其名得自晚清狭邪小说《花月痕》中的诗句“卅六鸳鸯同命鸟，一双蝴蝶可怜虫”，讲的是才子佳人情爱之痴与苦。

历来中国小说写才子佳人的可多了，但没这么写的。当时传统文人都看不惯，所以“鸳鸯蝴蝶派”此语颇有贬义。然而，这些本来就不是写给传统才子佳人看的，它的读者群是上海等新型都市生活的都市妇女、女学生、女职员、女工。她们知识已开，有自主意识，却又向往爱情，在新社会里谋生路、探情路之辛酸，交融在生活里，并投射于这些小说中。遂开创了古来未有，具女性意识的哀情小说一路。

武侠其实不是同一个脉络。古来武侠，主要谈绿林豪杰、江湖恩怨，女侠已属旁枝，更没有恋爱生活。晚清仍是如此，要不就《施公案》《七侠五义》，要不就《仙侠五花剑》《江湖奇侠传》。女人不看这类小说的。

但随即鸳鸯蝴蝶派小说家创造了一种新的异类结合情境。讲女性自我成长、寻觅爱情和自我的小说，开始以女侠为主角来展开；男女主角的悲欢离合，则以绿林豪杰、江湖恩怨为背景，武侠小说乃与哀情小说结合起来，慢慢融为一体。

本来，侠义哀情的王度庐，跟奇幻仙侠的还珠楼主、社会反讽的宫白羽、帮会技击的郑证因、奇情推理的朱贞木，还只并称为五派，但到了金庸《射雕英雄传》、梁羽生《白发魔女传》、古龙《多情剑客无情剑》，大概都以“侠义哀情”来总摄其他了。读者和观众，女亦渐渐多于男，所以技术层面上，武打的成分越来越不重要，颜值、服饰、妆容更要求精致些。

这个鸳鸯蝴蝶派留下来的遗产，至今还乐于为大众传播媒体所沿用、乐用，当然是因为我们还没脱离晚清以来的大众传播时代；就像大学里还在复述“五四”话语，翻来覆去宣讲鲁、巴、茅、郭、老、曹一样。

可是大众传播机构虽然只能继续拍《新天龙八部》《新倚天屠龙记》《新射雕英雄传》或新什么，分众时代与分众媒体（如自媒体等）毕竟来了。缺乏创意，只能采用老剧本的大众传媒，即将被逐步取代。到那时，大家的感叹，就不是“为什么一直拍一直骂，一直骂还又一直拍”，而是：快，快，哪有新剧本呀！

旅行与文学

一、男人的行旅

依彼德生（Petersen）的分析，人类迁移现象，可分为原始迁移（区位环境已不适合居住，故往外移居）、被迫迁移或强制迁移、自由迁移，以及大众迁移（如美国开辟西部时之移民状况，移民成为一种社会动力）。

一般男性之迁移，常表现在原始迁移及被迫迁移。

我们看历代男性那些行役诗，都充满思乡、怀归之愁绪，对其行役军戎旅戍诸行为也缺乏价值认同感，原因正在于男性这些迁移活动，往往是压力下的驱迫。或受自然环境之压力，为了生计、为了糊口，不得不飘洋渡海，奔走四方；或为王命所驱役、为军队所号令，在政府的压力下放弃田园与妻小，转徙各处。

而此转徙迁移，事实上又充满艰险。军旅征战，九死一生，固无论矣。移民去边境屯垦开荒，或出海去外国出卖劳力，异地风俗、水土、气候、饮食都不习惯，感疫患疾病而死者接踵。与异乡“番”邦人士打交道，更使人栗悚，随时可能会被骗、被陷害、被割了头皮、被猎了头去。即使是赴任，也往往心不甘情不愿，觉得是遭了贬谪。要去的地方既举目无亲，又无感情，几年任期一到，立刻撒腿走人，当然充满了过客意识，觉得只如旅宿一般。旅人寒夜凄清之感，随时会袭上心头。

最糟的，则是“流人”，即真正遭到斥逐流放者。这些人因为犯了罪而被流放，属于迁徙刑。故其迁徙本身，便是在服刑。流放到宁古塔、乌鲁木齐等处，常常是“乌头白、马生角”尚不得返归故乡。

如此人等，自无怪其嗟迁旅而怀家乡了。男性之迁徙中，特多哀歌，诚非无故。

但这只是男人中一部分罢了，男人也不乏自由迁移的现象。

所谓自由迁移（Free migration），是指人以其自由意志为动力，选择了迁移的行动，以此来表现自我，或达成其理想。探险家、旅行家或行商均属此类。

这类人士，心态绝对不同于被迫迁移者，绝对不会嗟迁旅而怀家乡。他们也旅行，但不是感叹行役之劳苦，而是对旅行的目的地充满了期望，对旅行途中之奇风异俗倍感好奇。心思不是向后看，回头望家乡；而是向前瞧着，热切地踏上征途。

远游，以及在远游途中恣意游览，这两种类型的文学作品，于焉产生。

在《昭明文选》中，“游览”与“行旅”便分为两类。游览和“游仙”“招隐”相联接，列在第二十二卷。行旅则和“军戎”相连，列在第二十六、二十七卷，其性质之不同，甚为明显。

行旅者悲叹行路之难、征途之苦，想家、想老婆。游览者，却是“乘辇夜行游，逍遥步西园”“遨游快心意”（曹丕《芙蓉池作》）、“逍遥越城肆，愿言屡经过”（谢混《游西池》）、“昏旦变气候，山水含清晖。清晖能娱人，游子憺忘归”（谢灵运《石壁精舍还湖中作》）、“不惜去人远，但恨莫与同”（谢灵运《于南山往北山经湖中瞻眺》），充满了愉悦、逍遥的气息，而且快乐得像神仙一样。颜延年说得好，“蓄轸岂明懋？善游皆圣仙”（《应诏观北湖田收》），把车子藏起来，哪称得上是钦明懋德之人？善于游行天下的，才是睿圣神仙之人呀！

这些逍遥地仙，“扬帆采石华，挂席拾海月。溟涨无端倪，虚舟有超越”（谢灵运《游赤石进帆海》），“日落泛澄瀛，星罗游轻桡”“晤言不知罢，从夕至清朝”（谢惠连《泛湖归出楼中望月》）。其基本情调乃是“游赏”“游戏”，而不是行役者那种遭到役使，被逼迫地“工作”状态，因此其动作多是纡缓的、从容的，并不急着赶路，“舍舟眺迥渚，停策倚茂松。侧径既窈窕，环洲亦玲珑”（谢灵运《于南山往北山经湖中瞻眺》），一步步细游慢赏。

换言之，这基本上是一种审美的态度。对于异乡山水，抱持着观赏游览之心情；对于生活，也不是以“工作”和“日常生活”去面对，而是游戏之、欣赏之、享受之。

要有这样的心情，才能发展出山水诗、游览文学。

山水，不再是险阻，不再是使行役者痛苦的地方，而是可以去亲近去欣赏去游乐的场所。故“五岳寻山不辞远，归来常做五陵游”，地不论远近，趣存乎心境。美感的追求，可以高过任何体力上的辛劳、亲情的呼唤或国家责任的压力，让人摆开一切，尽情尽兴地投入其中，欣赏观览一番，去发觉山水之美。或在日常性的无聊生活中，品味、经营出美感来。

于是，这又形成了它与行旅者的另一种不同。行旅者整个人生乃是现实世界的生活性存有。人活在一个现实的、具体的社会网络中，国家、组织、工作、家庭、责任，把他紧紧捆住了。所谓“王程有严，星分夙驾；受命大吏，弩矢是荷。风波眼底，缁尘满袖，迂回间道，动称掣肘”（王士性《五岳游草·自序》）。

为了生活，人不能不受此掣肘，为了生活，也不能不出去奔波，以致“风波眼底，缁尘满袖”。即便能够任由想象力去驰骋一番，想的依然是现实世界的家人亲友等等。故行旅者的旅途，往往与现实世界的“人生道路”划上了等号。行旅途中的风波，事实上就是人在社会经历遭遇上会碰到的风波险阻。《苦寒行》《行路难》一类歌咏，讲的既是行旅之难、行路之苦，也是指人在社会上做事时会遇到的困难。欲上太行雪满山，欲涉黄河冰塞川，人生的道路，也是如此崎岖荒寒。

游览者却不是这样的。出外游玩游览，本来就是与现实生活松离了的。去的，并不是一般日常居住工作的地方。做的，也不是平时在社会网络中该做的事。社会性身份、角色、功能、责任，俱都放下，恣情欣赏美景、品味生命。因此，这时的人生乃是超越性的。人脱离了现实生活的摆布，身体和精神，进入了另一个领域。

谢灵运诗“扬帆采石华，挂席拾海月。溟涨无端倪，虚舟有超越”，超越，讲的就是这个意思。旅游者之心思，恒不在市廛陇亩、红尘俗世之中，而是在红尘之外的青山绿水，或俗世之上神山仙境。处于红尘俗世中奔走行役者，其心甚劳；赏于山水仙境中者，其心则甚逸。

逸者，闲适宽舒愉乐也。但其字义恰好也有逃离、脱出的意思。逸逃出尘网之外，偷得浮生半日或更多的闲，去游玩游戏游乐，生命当然不像撄困于尘网者那样忧苦、那么操劳。若说那种生活是现实的、责任的，可以显人生之担当；那么，游览型的人生便可以显人生之洒脱，透出生命的美感与趣味。

游览文学，和游仙、隐士文学相连，道理也就在于此。游仙者，出离尘世，远游天都，游观昆仑悬圃、海上仙山，本来就是游览者最羡慕的事。隐遁者，逃名逃世，入山唯恐不深，也具有出尘绝俗的美感和气魄。这两者都与游旅者血脉相通，因为它们都带有一种否弃现世的精神、厌鄙世俗社会日常生活的态度，而体认出一种超越的价值观。要从这个眼前的社会、现实的生活，跨越出去，离开此世，以获得真正的生命。

一般旅游者当然不能像游仙那样，超举入冥，乘云车而入天庭；

也不能如隐居者那样，真正径去尘俗，避人避世。因为旅游者通常只能暂离现世，终究还是得回到现实社会来；同时它所游的，也仍是人间世上的山水，不可能真去游仙山洞府。

因此，旅游者要做的第一件事，便是区隔。在生活上区隔出“一般现实性生活”和“逸游以欣赏生命的行动”两部分，否则无论如何迁徙奔走，都仍应视为居者，因为它仍然困居于尘世之中。只有逸豫以欣赏生命的行动，才是出游，游出了一般日常性现实生活之外。

其次，其游观游览游赏，也不以世俗社会为对象，而是以尚未社会化的自然景观、较原始的人文状态为目标。或索性在现世环境中用区隔法，在日常家居活动场域之外，隔出一个场所、园林，以供游览、游观、游玩。

园，不是家。家是居住用的，园子则是用来游的。“乘辇夜行游，逍遥步西园”，园与家的分别，正如日与夜的区分。白天，是工作、责任、担当的时候。夜，则是放松、逸豫、游宴、享乐的时候。人不能真去离俗登仙、上升天庭，便只能在夜里，营造出“别有天地非人间”的迷离情境，让人在其中充分享受到游玩游赏的乐趣，忘却营营。

但，如此游览游戏，事实上便未必需要迁徙旅行了，成为“居而游”的形态。所谓“卧游”，即为此类心境。身体未必迁移，神思早已远扬。或形躯不做长距离的迁徙跋涉，精神状态却迥异于安土重迁者。

这样的形态，恐怕应该仍要归类为“自由迁徙”之中。因为它之所以如此希冀游览、游玩、游赏、游观，所追求的，正是自由的。

男人都是渴望自由的。但受限于社会角色、生活压力，在许多情况下，男人并不能真正旅游、自由地迁移。因此，男性虽然在事实层面上较女性更少迁移，或属于“移动而不迁居”者，并不能真去游旅。可是，纵使他不能远游、不能迁徙，他仍不能抑遏他游的渴望。男人仍然可以借着这种居而游的方式，来体现他自由与迁移。讨论迁移者的性别时，切莫忘了这一点。在谈论旅游时，男性常说要“待向平之愿已了”之后，亦即子女婚嫁已毕，对家庭、社会责任既了以后，才要出去遨游山水，其实也仍是这种心情的反映。

二、旅馆

不论行旅还是游览，都要住店。旅店不是家，只是驿站，走走停停，一站又一站。

所以驿站称为亭，《一切经音义》：“汉家因秦十里一亭。亭，留也。”《释名·释宫室》：“亭，停也，亦人所停集也。”就是驿站。亭邮、亭民（驿亭附近的居民）、亭寺（寺，办公的官署）、亭舍（驿亭的客舍）、亭传（客栈）、亭置（邮亭驿站）、亭驿、传舍等，皆为其相关词。

亭驿的规制，历代不同。白居易原本、宋孔传续撰之《白孔六帖》卷九说：“十里一长亭，五里一短亭。”可是实际上唐制是“自京师四极，经启十道。道列于亭，亭实以驷。而亭惟三十里，驷有上中下。丰屋美食，供亿是为。人迹所穷，帝命流洽。用之远者，莫若于斯矣”（高适《陈留郡上源新驿记》）、“四海日富庶，道途隘蹄轮。府西三百里，驿馆同鱼鳞”（韩愈《酬裴十六功曹巡府西驿途中见寄》）。故所谓十里长亭，近乎用典。

驿馆的规模，不能用现代旅馆来想象，因为它大得多，近乎一座小城。其景观与建筑，刘禹锡的《管城新驿记》说道：“门衔周道，墙荫行栗，境胜于外也。远购名材，旁延世工，既涂宣皙，瓴甓刚滑，术精于内也。蘧庐有甲乙，床帐有冬夏……内庖外厩，高仓邃库，积薪就阳……主吏有第，役夫有区，师行者有飨亭，孥行者有别邸。周以高墉，乃楼其门，劳迎展羼洁之敬，饯别起登临之思。”可见驿馆傍依大道，围以高墙，入口是门楼，内部既有供驿丞住的邸，有给驿夫住的房舍，有给使者住的厅堂，还有厨房、马厩及仓库；建筑外观雄伟、内部装修精致，整体规模十分宏阔。即使只位于一个小县城，崔佑甫在《滑亭新驿碑阴记》描述“博敞高明，倬然其闬闳，沉深奥密，杳然其堂室”，杜甫在唐兴县看到厅堂“崇高广大，逾越传舍。通梁直走，嵬将坠压。素柱上乘，安若泰山”（《唐兴县客馆记》），也都不只是一间小客栈。

亭既是驿站，自然就是送别之地，历来写此者多矣。如庾信《哀江南赋》“水毒秦泾，山高赵陉。十里五里，长亭短亭。饥随蛰燕，暗逐流萤。秦中水黑，关上泥青”，李白《菩萨蛮》词“平林漠漠烟如织，寒山一带伤心碧。暝色入高楼，有人楼上愁。玉阶空伫立，宿鸟归飞急。何处是归程，长亭更短亭”，实在不胜枚举。

而最有趣者当为《西厢记·长亭送别》。因为其他诗词均有情绪而无情节，此兼有之：

> （夫人、长老上云）今日送张生赴京，十里长亭，安排下筵席；我和长老先行，不见张生、小姐来到。
>
> （旦、末、红同上）（旦云）今日送张生上朝取应，早是离人伤感，况值那暮秋天气，好烦恼人也呵！悲欢聚散一杯酒，南北东西万里程。
>
> 【正宫·端正好】碧云天，黄花地，西风紧，北雁南飞。晓来谁染霜林醉？总是离人泪。……
>
> （红云）姐姐今日怎么不打扮？（旦云）你那知我的心里呵！
>
> 【叨叨令】见安排着车儿、马儿，不由人熬熬煎煎的气；有甚么心情花儿、靥儿，打扮得娇娇滴滴的媚；准备着被儿、枕儿，则索昏昏沉沉的睡；从今后衫儿、袖儿，都揾做重重迭迭的泪。兀的不闷杀人也么哥？兀的不闷杀人也么哥？久已后书儿、信儿，索与我凄凄惶惶的寄。

另外，客舍其实亦指驿站。故王维《送元二使安西》说：“渭城朝雨浥轻尘，客舍青青柳色新。劝君更尽一杯酒，西出阳关无故人。”又，刘克庄《玉楼春·戏林推》：“年年跃马长安市，客舍似家家似寄。青钱换酒日无何，红烛呼卢宵不寐。易挑锦妇机中字，难得玉人心下事。男儿西北有神州，莫滴水西桥畔泪。”

“客舍似家家似寄”，客舍自是驿舍。但后来已成泛指，旅宿在外，都可称为客舍。如刘皂《长门怨》说：“客舍并州已十霜，归心日夜忆咸阳。无端更渡桑干水，却望并州是故乡。”

驿站客舍，不但具有离别的含意，引人愁思，它本身也是重要文学现场。许多名作都写于驿站。据说魏文帝曹丕取甄后遗物玉镂金带枕送给植。植回封地，途经洛水，夜宿驿馆，取枕而眠，梦甄女来道：“我本托心君王，其心不遂，此枕是我在家时从嫁，前与五官中郎将，今与君王。”悲喜不能自胜，遂作《感甄赋》，后改称《洛神赋》。

元和十年（815），元稹自唐州还京，道经蓝桥驿，写了《题蓝桥驿，留呈梦得、子厚、致用》七律。可是，他正月回长安，三月就被贬为通州司马。当年六月，白居易也被贬为江州司马，经过蓝桥驿，读到了元稹还京时的诗。感慨万端，写了《蓝桥驿见元九诗》，说：“蓝桥春雪君归日，秦岭秋风我去时。每到驿亭先下马，循墙绕柱觅君诗。”在蓝桥驿既然看到元稹的题诗，其后沿途驿亭很多，还可能留有元稹的题咏，所以他要“每到驿亭先下马，循墙绕柱觅君诗”。

大中九年（855），李商隐罢梓州幕，随柳仲郢回长安，途经筹笔驿，写下了名句“他年锦里经祠庙，梁父吟成恨有余”。此驿又名朝天驿，在今四川省广元县北，相传诸葛亮北伐，曾驻此筹划军事。

又，传说长庆间秀才裴航，游鄂渚，梦中得诗："一饮琼浆百感生，玄霜捣尽见云英。蓝桥便是神仙窟，何必崎岖上玉清。"买舟还都。路过蓝桥驿，遇见一织麻老妪，航渴甚，求饮。妪呼女子云英捧一瓯水浆饮之，甘如玉液。航见云英姿容绝世，欲娶此女，妪告："昨有神仙与药一刀圭，须玉杵臼捣之。欲娶云英，须以玉杵臼为聘，为捣药百日乃可。"后裴航终于找到月宫中玉兔用的玉杵臼，娶了云英，夫妻双双成仙而去。

宋哲宗时，遭贬谪的秦观，在湖南郴州驿站里发牢骚："可堪孤馆闭春寒，杜鹃声里斜阳暮。"后来死在旅途。

东坡也被贬，到海南岛三年。但他比秦观幸运。遇赦北归，离开时感慨不已，作了《澄迈驿站通潮阁二首》。

徽宗宣和三年（1121），李清照赴莱州投奔丈夫。途中宿昌乐县驿馆，写了《蝶恋花》，思念姊妹，也为莱州之行忧心。

其他，如"官柳阴相连，桃花色如醉"（刘长卿《洛阳主簿叔知和驿承恩赴选伏辞一首》）、"千崖信萦折，一径何盘纡。层冰滑征轮，密竹碍隼旟。深林迷昏旦，栈道凌空虚"（岑参《酬成少尹骆谷行见呈》）、"驿楼涨海壖，秋月寒城边"（独孤及《东平蓬莱驿夜宴平卢杨判官醉后赠别姚太守置酒留宴》）、"县道橘花里，驿流江水滨"（韩翃《赠别成明府赴剑南》）、"山川不记何年别，城郭应非昔所经"（武元衡《使次盘豆驿望永乐县》）、"青槐驿路长，白日离尊晚"（同上《送唐次》）、"夜长秋始半，圆景丽银河。北渚清光溢，西山爽气多。鹤飞闻坠露，鱼戏见增波。千里家林望，凉飙换绿萝”（羊士谔《褒城驿池塘玩月》）、“凭高试回首，一望豫章城”（韩愈《次石头驿寄江西王十中丞阁老》）、“停骖问前路，路在秋云里。苍苍县南道，险途从此始”（白居易《初出蓝田路作》）、“严秦修此驿，兼涨驿前池。已种千竿竹，又栽千树梨”（元稹《褒城驿》）、“明朝便是南荒路，更上层楼望故关”（李德裕《盘陀岭驿楼》）、“闲想更逢知旧否，馆前杨柳种初成”（薛能《雨霁宿望喜驿》）、“流云溶溶水悠悠，故乡千里空回头。三更犹凭阑干月，泪满关山孤驿楼”（韩偓《驿楼》）……可见在旅社中写作是非常常见的。

而驿舍行旅诗文，因为情同、事同、所见物象亦十分类似，渐渐便自成一文学传统。例如温庭筠有首《商山早行》：“晨起动征铎，客行悲故乡。鸡声茅店月，人迹板桥霜。槲叶落山路，枳花明驿墙。因思杜陵梦，凫雁满回塘。”后人就多重复其意象。

以卢沟桥为例。卢沟桥至京城三十余里，乃出入北京之门户，故成为京郊第一客旅集中地。从元代《卢沟伐木图》上即可看到当时卢沟河畔茶肆酒馆、招商旅店之繁华及策马驱车、步行担担、风尘仆仆客人之景象。留宿的客人，一觉醒来，洗漱登程，感觉正是晓月当空，东方初白。“卢沟晓月”遂为著名燕京八景之一。明张元芳《卢沟晓月》诗“禁城曙色望漫漫，霜落疏林刻漏残。天没长河宫树晓，月明芒草戍楼寒。参差阙角双龙迫，迤逦卢沟匹马看。万户鸡鸣茅舍冷，遥瞻北极在云端”，即化用了温庭筠诗。

邮亭、驿墙更是题咏的处所，是文学作品的公开发表园地，任何人都可在此题写。宋周煇《清波杂志》卷十载：“邮亭客舍，当午炊暮宿，弛担小留次，观壁间题字，或得亲旧姓字，写途路艰辛之状，篇什有可采者。其笔画柔弱，语言哀怨，皆好事者戏为妇人女子之作……煇顷随侍赴官上饶，舟行至钓台，敬谒祠下，诗板留题，莫知其数。”可见题诗之多。

不过，如此风雅，也未必能被庸僧俗吏们所欣赏，他们会心疼好好一堵墙被诗弄污了。宋张表臣《珊瑚钩诗话》卷二就记载：“予近在镇江摄帅幕，暇时同僚游甘露寺，偶题近作小词于壁间……其僧顽俗且聩，愀然问同官曰：‘方泥得一堵好壁，可惜写了。’”

因此，既要保护墙壁，又得满足旅人题诗抒情的需要，不少寺院、驿站乃专门设有诗板供行人题写。据王定保《唐摭言》卷十三：“蜀路有飞泉亭，亭中诗板百余，然非作者所为。后薛能佐李福于蜀道过此，题云：‘贾掾曾空去，题诗岂易哉！’悉打去诸板，唯留李端《巫山高》一篇而已。”又据魏庆之《诗人玉屑》卷十一：“澧阳道旁有甘泉寺，因莱公、丁谓曾留行记，从而题咏者甚众，碑牌满屋。”可见当时诗板之多。

经学与文学：六经皆文，语气加强

一、经世资治的冯梦龙

熟悉晚明思潮者，殆无不知冯梦龙其人。他是明末最重要的编书人和刻印出版家。所编刻以通俗小说戏曲为多，亦编有《马吊》《牌经》，因此他通常被界定为一通俗文人；而《情史》等辑，更被认为足以与汤显祖之激扬情教等量齐观，具有反礼教之意义。

对于学界通行的晚明观，我一向反对，觉得那只是画歪的脸谱。例证所在多有，冯梦龙就是其中之一。他根本不反礼教，因为他最重春秋大义。在他编印《三言》《新平妖传》《新列国志》《挂枝儿》《山歌》等书之外，他花了极大的精力去编《春秋衡库》《麟经指月》《春秋定旨参新》《纲鉴统一》。这些书从来没有人正视过、研究过，便高谈阔论起来，以资产阶级新兴市民文化之代表、反理学、倡情教之先锋来描述冯梦龙。

冯梦龙这些关于《春秋》和《资治通鉴》的书，当然与科举分不开。据黄州麻城人梅之焕说："敝邑麻，万山中手掌地耳，而明兴独为《麟经》薮。未暇遐溯，即数十年内……科第相望，途皆由此。"（《麟经指月序》）可知由于明代科举考试之故，不少人专攻《春秋》以取科甲。冯梦龙所编的那几本书，大抵就是为这类人提供方便的，类似今天的考试参考用书。

由这个角度看，我们自然可以说他只不过是位畅销书的编辑人或出版商，科举用书与俚俗小说、淫艳曲子一样，都是适应市场流俗之需的。

但，士人治经学，早在汉代就已与禄利之途结合起来了。当时之章句训诂、家法师法，跟明代这些举业用书有何差别？何以谈起经学，就尊崇汉儒著述而轻藐明人为科举所编的书到此等地步？其次，编《春秋》读本的冯梦龙，到底是为了在市场赚钱，还是为了表达自己治经之见解与成果呢？例如，他为什么不编程文选辑，只编经义读本？当日销量更大，发行更广的，显然是前者。就是编经义读本，为何又只编《春秋》？其他各经，或更重要的《四书》，他何以竟少涉笔？

何况他长期研治《春秋》，积二十年而成书，且与其平生志业相关，因此绝不能只从编一本畅销书的角度来看。由冯氏编著《麟经指月》之外，又有《春秋衡库》《春秋定旨参新》等编观察，他对此经也确实是情有独钟的。

我们看明末清初文人，多只就其冶游清谈，说其肆情纵恣，不知彼等辄有经世资治之志。就像张岱有《石匮书》，后来的李渔也有《资治新书》初、二集。若只知一位《闲情偶寄》《十二楼》的李渔，面对这些文移、布告、条仪、判牍的李渔，势必爽然若失。面对冯梦龙，也是如此。

但治经学且志在经世资治的冯梦龙，毕竟又是一位文人，文人治经，自有其文学性的追求。因此冯氏之《春秋》学，其实又充满着文学观点，既重词气文章，要从词气文例书法文势上看出《春秋》的大义、圣人的用心；也要让读《春秋》的人由此揣摩出作文之法，以便应试。在这种情况下，文学性的追求、文学式解经法，遂与其经世资治结合为一体。

在晚明，如冯梦龙这样的例子并不罕见，我这篇文章就准备讨论这种现象与解经法。这是迄今谈《春秋》学者尚无人问津的领域，且由我来试一试。

二、文学《春秋》学的发展

孟子曾说孔子作《春秋》，“其事则齐桓、晋文，其文则史”，“其义则丘窃取之”。厥后传《春秋》者，左氏偏于事，公穀偏于义，《春秋》之文，所谓“属辞比事”之学，其实并无发展。因为属辞比事也者，歧为二路：一是由比事说，辑比相关事类以见义趣，各种“事类”“比事”“类编”属之。二是由属辞讲辞例书法，朱鹤龄《左氏春秋集说序》谓：“属辞比事而不乱，深于《春秋》者也。……自左氏立例，公穀二氏又有例，啖赵以下亦皆有例。”汉魏南北朝隋唐《春秋》学确多凡例条例之说。这些凡例，是由辞例书法以观褒贬，它与比事以见义趣者，宗旨都在事义而不在文。分析辞例事类以及书法上的特征，固然发展了不少语法、词汇的知识，影响到文学上的凡例格法之学，但比事以考史、辞例以说经，重点均不在《春秋》的辞章之美。

重视《春秋》“其文则史”的，乃是史家而非经学家。经史分家，发生在魏晋南北朝时期，待唐代，遂有刘知幾标举《左传》作为史文的典范，《申左》一篇，明谓：“所可祖述者，唯《左氏》及《汉书》二家而已。”这种态度，与南北朝一些“宗经”的文学思潮（如《文心雕龙》）相结合，再加上唐代古文运动的发展，乃有啖助《春秋集传自序》所云：“今《公羊》《穀梁》二传殆绝，习《左氏》者，皆遗经存传，谈其事迹，玩其文彩，如览史籍，不复知有《春秋》微旨。”

经学家重视义例，史家则玩其文采，文学家更是“事出于沉思，义归乎翰藻”，宗经学古以为文资。这样的发展，是魏晋时期经、史、文集分化的形势所造成的。

但天下大势，分久必合。宋代以后，这几条路又有逐渐趋合的现象。

在文学方面，古文家讲文以载道，要用文章表达圣人之道，五经自须钻研；而古文不同于六朝骈俪，又系因它是以五经为典范的，因此无论义理或辞章，均与五经相关。到了科举试士以后，考的是文章，但却是一种阐发经义的文章。经与文之合，乃成大势所趋。

经学方面，也开始有论文之篇。题宋欧阳修编的《左传节文》十五卷，《四库提要》说其书“取《左传》之文，略为删削，每篇之首，分标叙事、议论、词令诸目，又标神品、能品、真品、具品、妙品诸名及章法、句法、字法诸字”。

真德秀《文章正宗》，又收了《左传》的文章。后世许多选本如《古文观止》《古文析义》收录《左传》以为文范，渊源正本于此。

这均可见以文学观点释《春秋》，在宋代确已出现，就连为科举经义而作的书，如明代冯梦龙所作的那样，在宋代亦已有了。王庭珪序王彦休《春秋解》，云：“崇宁中……朝廷方以经术训士，薄海内外悉用三舍法。独《春秋》不置博士，故鼓箧升堂，无问《春秋》者。唯王彦休以宿学老儒，时能诵说，而学者终不暇习。彼年复诏天下立学，以经天子之事首尊用之。于是彦休之学久湮没而近乃出焉……以是发策决科编次其书。”王彦休之书，就是这样的东西。

此等风气，入元愈畅。朱右《春秋传类编》纯由文学立说，即是真德秀、洪兴祖、吕祖谦之后劲。

黄祖复《春秋经疑问对》二卷，则是为科举而作。元仁宗皇庆三年复科举，汉人南人第一场明经、经疑二问，在《大学》《论语》《孟子》《中庸》内出题；经义一道，各治一经。因此须要有考经义的参考用书，黄氏书即其中之一。

四库另收杨维桢《春秋合题著说》三卷，性质亦类似。宋崇宁间开始试经义，《春秋》的题目即由三传解经处出。靖康元年（1126）

改为只由本经出题。绍兴五年（1135）礼部又认为《春秋》本经辞语简约，比其他各经字少，出题容易重复，所以仍可于三传解经处相兼出题。元朝合题之法即本此。杨氏此书，便是针对这种出题方式而作。

明朝情形大抵如旧，以文学角度欣赏其属辞比事者，有王鏊《春秋词命》《钟评左传》《春秋左传评注测义》等。

为制义而作者，《四库提要》说："自有制艺以来，坊本五经讲章如此者（作者注：指清金瓯《春秋正业经传删本》十二卷）不一而足。时文家利于剽窃，较先儒传注转易于风行。"可见是极多的。

这些著作，略分二类，一是文学性的，二是教人以作文科举之法。不同处，在于前者未必着意于制义之需。相同的，则是两者都推考词气行文之法，整体上都应属于文学性解经读经法。冯梦龙《春秋》相关著作，概为后一类。

我说过，这些作品都是在宋代以后经义与文学相结合趋势下的产物。此一趋势，到冯梦龙那个时代蔚为风尚。乾嘉以后，朴学兴起，才努力尊经，想把经学跟文学分开；四库馆臣在编《四库全书》时所体现的，就是这个新观点。但由整个环境来看，恐怕文学经解仍占大宗。为举业而作的金瓯《春秋正业经传删本》、王源《或庵评春秋三传》、田嘉谷《春秋说》、冯李骅及陆浩《左绣》、姜炳璋《读左辅义》、李文渊《左传评》等，也依然被选入《四库》。

据《提要》说，这里面还颇有些与桐城派有关："《春秋左传》本以释经，自真德秀选入《文章正宗》，亦遂相沿而论文。近时宁都魏禧、桐城方苞，于文法推阐尤详。文渊以二家所论尚有未尽，乃自以己意评点之。”

出现这种现象的原因非常简单：科举依旧，试经义也依旧，教举子作文章、试经义的书当然就依旧大行其道。桐城古文义法又与时文关系密切，他们与应试者一样关注《春秋》的文采，也是理所当然的。有他们联手推波助澜，文学经解之风焉得不盛？

冯梦龙的经解，即生于此一脉络中。

过去我们讲经学史，沿用清代朴学家的观点，尊经抑文，将文人说经者屏诸视域之外；讲文学史，又把文人形容成离经叛道者，不但不娴经术，无意资治，更以反礼教反道学为事。这都是文经分途的办法，宋元明清的人可不是如此。

我在《乾隆年间的文人经说》一文中曾说：“元朝以来，科举功令，考的是经义，评价之准绳则是文学。故世人写文章论经义，乃是普天之下大家都在从事的工作。那些八股墨卷、塾课坊选，其实都是文人的经说。何况，古文运动以来，为文者皆以宗经明道为职志，寝馈经籍以求深植为文之本者，实不乏人。作古文和作八股时文的，别的地方不一样，在研析经义这方面却是一致的。流风所及，亦出现一大批以文学角度去评点阐析《诗经》《尚书》《春秋》的著作。”冯梦龙的经解出现于此一状况中，当然丝毫不会令人觉得奇怪。反倒是我们若仍沿用那种经学文学分途的观点去看，便会对冯梦龙这样一位文人（特别是搞小说戏曲的文人）而竟勠力治经，大感诧怪不置了。

三、冯梦龙《春秋》学述要

冯梦龙论《春秋》，颇多格法之说，有歌诀：

作文新格歌

一破二承三起讲，入事及意断制当。

七陈八收异九结，此是作文新格样。

作文旧套歌

一破二承三原题，发问起语入事依。

反意断制并咏叹，十收束兮及结之。

经题四诀

合宜开发，比要相形。单须挟要，傅莫离根。

题有四贵

传题贵圆，合题贵方。拟题贵简，看题贵精。

又说要有起伏、错综、咏叹，不可合掌等等：

《春秋》本史笔，非他经比。故经义尚断制者，实断其是非，不为虚词驰逞。或设为辨难，或引故事以形之，若法司断狱，不可出入，方是高手。……

《春秋》文字最重波澜，若无起伏，便觉沓冗。与《四书》一般，不见笔力。故遣调最宜留心。

如发一股，或四股对，便当收来缴断。今其文势断联，然后发去。或错综遣调，已经数联，然后对入，是为起伏。如一味发挥，如大海汪洋，无此波涛汹涌，便不好看。不知收拾如光面素绫，却无花分，不甚起观。此谓平铺之病。时文往往蹈此，最宜患之。

如前二股长，则后二股宜短。前二股短，则后二股宜长。长短参差，最谓错综。

……

如发二股，词意须要不同。若分二股，意思只是一样，是谓合掌，不免为观者所厌。

……

经文既断之后，正意已完，若非咏叹以取之，便觉寂寥，不见意趣。如美女不搽脂粉，不甚精采，故必咏叹，然后意趣悠扬，起人眼目，全在于此。

又说要炼词，“众善咸备而不炼词，是为美而不文，非至善也，故亦不可缺”。还要浑化，“《春秋》虽尚老健，却有一等词句，虽近于弱，其实俊雅，盖由所养既纯，渣滓尽化，出词吐气，自然不凡，绝无一些粗气。此乃上等文字，要非浅浅可能”。要老成，“词须苍古，莫犯于稚”等等。

四、玩辞、辨义、经世

看冯梦龙上述谈《春秋》的言论，很容易把他理解为一位重视格法的人，其实不然。

因为除了细致的说明如何写《春秋》的考卷外，冯氏论说最大的特点是贬抑《左传》。

众所周知，唐代以后《公》《穀》几成绝学，《左传》一家独盛，虽胡《传》著于功令，但在经学专业领域，《左传》仍是最主要的，故饶秉鉴《春秋会传自序》云："我太宗文皇帝命集儒臣纂修《春秋大全》，必以胡氏为主，而引用诸儒传注，必以《左氏》为先。"至清，朱鹤龄《读左日抄序》更说"今《左氏》之书家传户习"了。大环境如此，冯梦龙抑《左》之说，自然特殊。

冯氏自道其书体例是："《左氏》叙事见本末，《公羊》《穀梁》辞辨而义精。学经以传为按，则当阅《左氏》。玩辞以义为主，则当习《公》《穀》……今所传，事按《左氏》，义采《公羊》《穀梁》之精者，大纲本孟子，而微词多以程氏之说为证。"看起来延续着胡氏，却正是他"玩辞以义为主"的路数说明。

玩辞以义为主，所以《麟经指月》中经常注明某说某义用《公》《穀》，有些地方也会说旧解是受《左氏》影响以致立论错误，如前文所举隐公上之例，或《麟经指月》卷五："旧主忠孝，用《左传》通贡、却奸二事，甚杜撰。"

而亦由于他玩辞以义为主，故亦与那些由研究《左传》文采出身的论者不同。那些人多重叙事之法，亦即所重者仍在辞。冯氏不然，所以他说“通一经中彼离此合，合而离，离而复合，多少事迹，各有个好歹，只看所以会盟者何如耳”“观予夺会盟之迹，识自治之道矣。体传‘会盟’四句意发，不重事迹。四比皆自离而合，但所以合者有得失，故夷因之盛衰耳”。(《春秋定旨参新》卷四，《桓公上》)

重辞者，重事，尤其是叙事之法；他则不重事，重在推求事的义理，故是不重“迹”而重“所以迹”。同一件事，例如同是离而合，但因所以合不同，意义也就会不一样。

他曾说：“观《春秋》所致意者，正名与善之心见矣。主‘以义正名’二句，此因事见得《春秋》大法如此，勿黏定事迹。”卷二：“王臣因夷横而失节，罪在怠义者也。戎以徒众劫凡伯，故书伐。只解事实，无贬戎语。”等等，宗旨皆同。有些褒贬予夺，是由事迹上未必能看得出的，必须玩辞见义。玩辞见义，乃冯氏主要方法。所以发展出了“玩辞”之法，仔细体会经传的遣词、用字、语气、句式。

但玩辞旨在论义，故与纯论文法修辞者又有所不同，谈文章的格例时，也以义为断，因此《麟经指月》卷一有云“须发圣人所以述作之义，不当以立文之例泛论”，《春秋定旨参新》卷四也说：“上自衰之盛，下自盛之衰，如此搭配，似亦可出，但于本传离合之义有碍耳。总之，细碎分贴，便属支离。”

也就是说，冯氏这种文学解经法，也并不纯是文学的。并不是把经传当文学作品看，去分析其遣词、用字、叙事之工，再以此为作文之法，教人如何为文而已。经传仍然是经传，是圣人制作，故其中有微言大义。观者须玩义以见辞，也要以义断辞，才不至于支离。在此，经义与文采，乃是二而一的。

这才能达成他“文章经世”的愿望。

冯梦龙于五经仅重《春秋》，本就是因“春秋经世，先王之志”，故其论《春秋》亦以经世为念，着意阐发圣人经世之意。《春秋定旨参新》“志内弱外强之事，经世之虑也”“圣人有感于内外，示治御之道焉。自圣人经世意发。上三国自谓知惧，而圣人已预为之伤。……下中国尚谓无事，而圣人已早为之虑”讲的即是这回事。

读经，要因事见义，事只不过是个例子，重点在义不在事。义是什么呢？一在见圣人之善心，二在见圣人之大法。前者，如“性命之文，在圣人修经，因事褒贬无容心上说。……圣人虽因羊以书，却有精义存焉，非通彻性命，晓畅治理者不能解”，即是指应见圣人之善心。什么善心？“仕者世禄，帝王不以私爱害公选。耕者九一，君子不以天下奉一人”“人君之心极重，乃体天地立君养民之心。‘民力足’四句有次第，此正人君所以重民力之意”“既曰人君之用，又曰体元，非体、用对说，体即是用，言当体此而用之也。‘用’字固重，‘职’字亦重，必到朝廷百官远近，莫不一于正，方是尽职。而其所先在正心，则是元也，安可不体备于我而用之哉！‘深明其用’句要玩，只为当时人君但求正人而不求正己之心，把君职都废了，故《春秋》深明之。元者，天地生物之心，人君体此为心，便是正心，无缺经纶，总不外此”……都是。

见圣人之大法，则随文阐发之。如正名，“上杜朋党，下惩淫慝，正其本，存其防”及御夷狄等都是。杜朋党及御夷狄均极重要。

因冯梦龙论夷夏之辨很特殊，不是就夷夏之防说，或由尊华贱夷说，而是就中国本身的作为说。如《春秋定旨参新》卷四：“《传》中予夺抑扬，皆就中国说。能自治御夷，则进而予之、扬之。不能自治、惧夷，则退而抑之、夺之。”如此论夷夏以及强调要杜绝朋党，显然都与其时世之感有关。

五、文学经学史新版图

以上介绍并分析了冯梦龙几部《春秋》学著作。明人之《春秋》学，在经学史上夙少研究者，是个冷门的学问。冯氏著作，自己虽很耗精神，编写态度迥异于他那些小说戏曲作品，在友朋间也很受推崇。但萧条异代，未获赏音，根本乏人重视，更是明代经学中的冷门。故我略为勾勒其要，以供知人论世。

但本文并不只想如此。除了发冯氏之潜德幽光外，我更想藉此对经学史、文学史乃至思想史之研究，提供一条批判反省之路。

本文第一节即曾指出：晚明思潮的研究目前存在着范式（Paradigm）错误的危机。我们常把晚明形容成一个变动的时代，经济发展了，生产力改变了，生产关系调整了，资本主义萌芽了，市民阶级出现了，因此思想与文学随之有了变化，既好货又好色，晚明王学亦刺激着颠覆着程朱理学；性灵思潮、小品文人、小说戏曲作者，打破了复古的正统的文坛势力；发抒性灵、重视情欲生活，提倡情教，反击了礼教道学的传统等等。李卓吾、袁中郎、冯梦龙、汤显祖等人，都是在这个框架与脉络中被纳入思想史文学史中讨论的。

这样的典范，形成于民国初年，如今早已充斥于各种教科书及论著中；许多人也靠它升等、拿学位、评职称。但它其实是个失去效力的典范，存在着太多的破绽。

别的不说，晚明王学，流布四方，浙中、江右人才鼎盛，而上项论述偏偏仅就泰州一脉说，岂足以论大势？朝廷科举，士人研治，均仍以宋学程朱为主，其势，又非王学所能劫也，看冯梦龙的例子就可以知道。连阳明，都还要编《朱子晚年定论》，拉朱夫子为自己背书，说阳明学能夺程朱之席，宁非笑话？

真正的史实，是越到晚明，批判王学或王学末流的力道就越大；公安派、李卓吾、王心斋等，不但声势小、时间短，而且基本上都成为负面的人物。晚明的东林、复社，更都是讲理学、复古道、作七子之诗、写汉魏文章的。

至于李卓吾与公安那些人，也不像现在文学史思想史所描述的。他们“克己复礼”、用心于性命之学，俱详我《晚明思潮》一书。在那本书里，我仔细分析了罗近溪、焦竑、李卓吾、公安三袁等等之思想与文学，由技术上的崩溃（technical breakdown）说明那个老典范已经完全不适用了。

本文就是延续此一批判的补论。以冯梦龙为例，来说明过去那个视域有多么空洞无力。它不仅完全无法处理冯氏论《春秋》大义、编经义教材、寓经世资治理想的现象，更会把人对冯氏的认识误导到另一个方向，使得意存俳谐的冯梦龙跟谈论学经世的冯梦龙格格不入。就此而言，本文乃是藉冯氏以彰旧恶，说明以往的诠释模型大成问题。

其次，科举与宋代理学的势力太大且太久，当然会有反对者。但除了阳明学做弱势的反抗外，较强的反抗力量其实就是汉唐经学。我在《晚明思潮》中曾举何良俊、钱牧斋等为例，说明嘉靖以后，复倡经学、讲汉唐章句训诂的企图。这个企图或趋势，是与冯梦龙相关的。

晚明世事之乱、国势之衰，被他们解释为是由于学术人心太坏。欲正人心，即须变学风。欲变学风，就要提倡汉唐经学。这样把经学跟心术关联起来，且欲以治经来对应夷狄寇盗之祸，不是与冯梦龙很相似吗？

据胡万川《冯梦龙与复社人物》所考，冯与张德仲为社友，又与文震孟、姚希孟、钱牧斋同社，钱称冯为同社长兄。冯氏友人梅之焕、陈仁锡、祁彪佳皆与复社关系密切，张明弼，沈几、耿克励、王挺等则为复社人物。钱氏此种治经复古之说，与冯梦龙实际参加过的治经之社，恰好可以看成是桴鼓相应的举动。

只不过，何良俊以迄钱牧斋、冯梦龙，治经之途非一。一种是"革"，提倡汉唐经学以矫宋元明说经之陋，以药理学空疏之弊的，牧斋所言，即属于此；一种则是“因”，就当时之说经者而改造之，冯氏之说属此。

当时人非不治经，但治经以取功令而已；非无经学，但读朱注、胡传，读《大全集》而已。冯氏之法，非教人幡然改途，而是仍读胡《传》，可是不能废经，故其书多录经文，以矫“信传遗经”之病。

次则他亦知胡安国的《春秋》非尼父之《春秋》，但自己仿朱子《四书集注》那样真正想探索《春秋》精义的书无缘面世，就只能藉胡《传》来讲话。参附《左》《公》《穀》及诸子百家，就是变相地开拓学子之视野，让读书人勿只知有胡氏而不知其他。

再进一步，则发挥胡氏尊王攘夷之思想，以寓经世之意，把读经跟正人心、御夷狄关联起来。这就是因物付物，因其势而思有以转化之。在说解时，力破当日流俗坊刻之谬，亦属于此一工作。

无论牧斋式的说法，抑或冯梦龙式，整体上共同促进了经学在晚明的发展。过去，讲经学史或思想史，都没注意到这个现象。所以一种看法是把经学之兴起与明代灭亡关联之，认为明代灭亡后，士人痛定思痛，推源祸始，以为乃学术之坏使然，故反对宋明理学，或如顾亭林之提倡“经学即理学”，或如颜习斋之提倡经世实学。另一种看法，则强调清代经学考证之风不能只由反宋学这个角度去理解，而是由宋明理学发展来的。因为宋明理学内部除了“尊德行”之外，也有“道问学”的传统，而宋明理学家之论争也越来越需要求证于经典，故由理学乃逐渐发展出经学考证。

这两种解释，前者未注意晚明经学，把经学看成是清代的新兴状况，后者又只从理学这条脉络去想事情，其实均不达事理，是应重新来谈的。

重新解释时，还要把文学考虑进去。一如我在本文第二节所描述的，古文运动以后，文人作文，以昌明圣道为职志，文章本来就要宗经征圣；科举考试，又要考经义、试文章，两者是宋元明整个社会上士人主要势力及精力所萃，而恰好集精义与文学为一体，只不过，在发挥经义与道理时，又深受宋代理学之影响。在这种情形下，大趋势、大环境流行着的就是带有理学气味的文人经说。细分，则说经者有文学性的解经人，也有教人以科举作精义文的人。这些人及著作，既是文学，也是经学的。

因此，我们说晚明经学渐盛并不意味着前此经学就不盛了，而是晚明有发展着上述脉络的（如冯梦龙就是），也有反对的（如钱牧斋）。入清以后，同样是如此。直到乾嘉，扩大发展了反对的那一路，既反宋学，又反科举经说，也反对文学式解经（如钟惺之评点），于是辞章义理与考证正式分途。

虽然如此，但我们只要脱离乾嘉朴学的观点，就可以发现科举说经之风仍如明代之旧；带有理学气味的文人经说，以及带有时文气味、文以载道的古文也仍旧在桐城派等人身上可以看到。

这个新的文学史脉络，才能真正解释宋元明清诸朝经学、道学、文学之间的关系。它们的关系，基本上又是文学的。道学奠定地位，维持声势，靠的是科举试经义与四书文；经学被钻研，如梅之焕说其乡之所以成为《麟经》渊薮，也是靠科举试经义；而经义与四书文即是文章。要把这种文章作好，经学与道学便须讲求，既须探其义，亦须玩其辞。后来清初经世文风或再晚一点的桐城派“义法”说，皆自此流衍而下。桐城派文章学唐宋，立身则自许在程朱之间，渊源可见。经义文章之格法（如冯梦龙所述者），与古文家之义法，自亦有脉络潜通之处。

文学经解大盛于明清，也可以从这一脉络中见之。不只《春秋》，其他经典，乃至老庄墨列荀韩诸子、史汉诸书，都出现大批由文学角度去评点论议之作。那是一个由文学角度全面解读经史诸子的时代。只是这样的时代，还未被我们这个时代的研究者所注意、所理解啊！